BORRACHO
[Very Drunk]

BORRACHO
[Very Drunk]
LOVE POEMS & OTHER ACTS OF MADNESS

Jesús Papoleto Meléndez

Translations by Amneris Morales

Introduction by Susana Torruella Leval

2LP TRANSLATIONS

FLORIDA | NEW YORK
www.2leafpress.org

P.O. Box 4378
Grand Central Station
New York, New York 10163-4378
editor@2leafpress.org
www.2leafpress.org

2LEAF PRESS INC. is a
nonprofit 501(c)(3) organization that promotes
multicultural literature and literacy.
www.2lpinc.org

Copyright © 2020 Jesús Papoleto Meléndez

Cover art:
Jorge Soto Sánchez Untitled
(bathers), c. 1972.
Acrylic on Canvas, 34" x 32"
Courtesy of Betty Gonzalez-Soto

Cover photo: Carlos David

Book design and layout: Gabrielle David

Translations: Amneris Morales

Library of Congress Control Number: 2018966479

ISBN-13: 978-1-940939-96-4

10   9   8   7   6   5   4   3   2   1

Published in the United States of America

First Edition | First Printing

2Leaf Press trade distribution is handled by University of Chicago Press / Chicago Distribution Center (www.press.uchicago.edu) 773.702.7010. Titles are also available for corporate, premium, and special sales. Please direct inquiries to the UCP Sales Department, 773.702.7248.

In solitude is loneliness a taken form.
The presence of your absence
fills the void of emptiness
that unveils my loneliness;
I realize the fullness of the meaning
of our meeting in this life
more clearly now, alone.
Thank You for Your Love, My Loves.

En solitud, la soledad toma forma.
La presencia de tu ausencia
llena el vacío del vacío
que devela mi soledad;
Comprendo la totalidad del significado
de nuestro encuentro en esta vida
más claramente ahora, en solitud.
Gracias a Ti por tu Amor, Mis Amores.

POEMS

INTRODUCTION:
Love is an Act of Madness

THE TITLE, BORRACHO [VERY DRUNK] gives you a clue. He's not going to be himself, but a heightened, dramatic mode of himself, one he's comfortable with. The subtitle, *Love Poems & Other Acts of Madness, [Poemas de amor y otros actos de locura]* goes further, equating the state of being in love with "madness."

I have known Jesús Papoleto Meléndez for forty years as a distinguished writer and artist activist from El Barrio. He is also a defender of civil rights, a cultural community organizer and a generous friend. Papoleto is a *pachanguero* at parties, and a joyous champion of little children as a King (Emeritus) in El Museo del Barrio's annual Three Kings' Day Parade. But I had never known this side of him — in his words, "a dude in love, teenager to old man."

Papoleto has worked on these poems for thirty to forty years. He composed his first poem around age nine, sitting on the fifth floor fire escape in his family's apartment on 111th Street in El Barrio, and unwittingly, created a habit for life.

As a teenager, Papoleto became the neighborhood's Cyrano de Bergerac, writing "things" for his lovesick friends to offer their girlfriends. He did not know they were poems, "they were poems and I didn't know it." It was a teacher in a summer writing program at the Fieldston School who informed him that he was writing poetry. He soon learned about concrete poetry and the work of poets such as Lawrence Ferlinghetti and e.e.cummings, and became fascinated by the parallel cascading rhythms of sounds and structured marks on the page. Later, with close friend and fellow poet Pedro Pietri, he reconnected those modernist interests to street sounds and cadences, his first love.

Papoleto keenly remembers being young, "Like — / when your hair was curly, / And the skies in your eyes were blue —" (p. 122). He also clearly recalls being

INTRODUCCIÓN:
El amor es un acto de locura

❤

EL TÍTULO, BORRACHO [MUY BORRACHO] te da una pista. No es él mismo, sino un modo elevado y dramático de sí mismo, con el que se siente cómodo. El subtítulo, *Love Poems and Other Acts of Madness [Poemas de amor y otros actos de locura]*, va más allá, equiparando el estado de estar enamorado al de la "locura."

Conozco a Jesús Papoleto Meléndez desde hace cuarenta años como un distinguido escritor y artista activista de El Barrio. También es un defensor de los derechos civiles, un organizador cultural de la comunidad y un generoso amigo. Papoleto es un pachanguero en las fiestas y un alegre campeón de niños pequeños como Rey en el Desfile anual del Día de los Reyes Magos de El Museo del Barrio. Pero nunca había conocido este lado de él, en sus palabras, "un tipo enamorado, desde adolescente hasta anciano".

Papoleto ha trabajado en estos poemas por treinta o cuarenta años. Compuso su primer poema alrededor de los nueve años, sentado en la escalera de incendios del quinto piso en el departamento de su familia en la calle 111 en El Barrio, y sin darse cuenta, creó un hábito para la vida.

Cuando era adolescente, Papoleto se convirtió en el Cyrano de Bergerac del barrio, escribiendo "cosas" para que sus amigos enamorados para ofrecérselas a sus novias. Él no sabía que eran poemas, "eran poemas y yo no lo sabía". Aunque nunca estudió escritura oficialmente, un maestro en un programa de escritura de verano en la Escuela Fieldston le informó que estaba escribiendo poesía. En la década de 1950, la educación superior y la lectura voraz lo llevaron al mundo de la poesía concreta y el trabajo de poetas como Lawrence Ferlinghetti y e. e. cummings. Estaba fascinado por los ritmos paralelos en cascada de sonidos y marcas estructuradas en la página. Más tarde, con su amigo cercano y compañero poeta

ready for love: "into my darkness; It calls my name, / I come, / O, I come danc-ing!" (p. 16). But he tempers the anticipation with self-doubt:

                                                  and i
        knowing the true name of nature's love,
                                        come, not alone
                But in the full regalia
                            of all of me;
                                    my past, my lies
                                            even
            still shifting eyes
                    in comfort's zone,
                                    yet untrusting comfort—
            as if nothing good of earth
                could possibly pertain to me.

        "Love itself" (p. 36)

With characteristic humor, the poet warns in "The Lotus" of the danger of "being in love / with someone else, other than oneself" (p. 12).

Yet the poet accepts the risk, and many poems offer the fullness of erotic, Romantic love at its peak: "Love Itself," "Just a Kiss," "Your Eyes," "Reasons For Leaving The Beach," and "The Dream Breeze." They are tender, gallant, gently rousing. Although the book's title equates the state of being in love with "madness," the pervading tone of these poems are quiet, even shy, commingled with feelings of awkwardness, ineptitude, and insecurity. At the center there is an essential loneli-ness, a strange reminder, despite the author's youth, that the early joys of love are never far from loss.

Papoleto chose to illustrate BORRACHO's cover with an extraordinary work by his friend, the great, short-lived Puerto Rican artist, Jorge Soto Sánchez. This untitled piece, which is often referred to as "The Bathers," represent various states of being; some are frankly erotic, desirable, flesh-and-blood women. Yet all their faces are darkened, mask-like, and hard to read, reminding us, perhaps, of Freud's question, "What do women want?" Other figures in the painting change color and meld slowly into the background, losing materiality and becoming transparent, ghost-like versions of themselves. Soto Sánchez's surreal nudes on the cover echo Papoleto's intensely vulnerable, naked state of being in love. They seem like x rays of their souls. Like "memento mori," they remind us of loss and the shortness of life.

The end of love, when it comes, hits very hard. In poem after poem: "Pieces," " In Memory of Love," "The Death of Love," "The Answer," "My Woman's Left Me" we feel the poet's devastating experience of lost love, through his simple, wounded words. In "Pieces," he says, "you drank your coffee, holding it / with both hands / without looking up" (p. 70). He further explores this in "Leaving": "But you walked

Pedro Pietri, reconectó esos intereses modernistas con los sonidos y las cadencias de la calle, su primer amor.

Papoleto recuerda profundamente ser joven, "Como —/ Cuando tu cabello estaba rizado,/ y los cielos en tus ojos eran azules —" (p. 123). También recuerda claramente estar listo para el amor: "en mi oscuridad; Me llama por mi nombre, / Voy, / ¡Oh, voy bailando! "(p .17). Pero atenúa la anticipación con dudas:

y yo

sabiendo el verdadero nombre de la naturaleza del amor,

voy, no solo

Pero con toda la realeza

de todo mi ser;

mi pasado, mis mentiras

incluso

hasta la mirada esquiva

en su elemento,

de desconfiada comodidad—

como si nada bueno de la tierra

posiblemente podría pertenecerme.

"El amor mismo" (p. 37)

Con humor característico, el poeta advierte en "El Loto" del peligro de "estar enamorado de otra persona, aparte de uno mismo" (p. 13).

Sin embargo, el poeta acepta el riesgo, y muchos poemas ofrecen la plenitud del amor erótico y romántico en su apogeo: "El amor mismo", "Sólo un beso", "Tus ojos", "Razones para dejar la playa", y "La brisa de ensueño". Tierno, galante, suavemente estimulante. Aunque el título del libro iguala el estado de estar enamorado de la "locura", el tono dominante de estos poemas es tranquilo, incluso tímido, mezclado con sentimientos de incomodidad, ineptitud e inseguridad. En el centro hay una soledad esencial, un extraño recordatorio, a pesar de la juventud del autor, de que las primeras alegrías del amor nunca están lejos de perderse.

Papoleto eligió ilustrar la portada de BORRACHO con un trabajo extraordinario de su amigo, el gran artista puertorriqueño de corta duración, Jorge Soto Sánchez. Esta pieza sin título, que a menudo se conoce como "The Bathers", representa varios estados del ser; algunas son francamente eróticas, deseables, mujeres de carne y hueso. Sin embargo, todas sus caras están oscuras, en forma de máscara, y son difíciles de leer, recordándonos, tal vez, la pregunta de Freud, "¿Qué quieren las mujeres?". Otras figuras en la pintura cambian de color y se funden lentamente en el fondo, perdiendo materialidad y convirtiéndose en versiones transparentes y fantasmales de ellos mismos. Los desnudos surrealistas de Soto Sánchez en la portada se hacen eco del estado de amor desnudo de Papoleto, intensamente vulnerable. Parecen rayos x de sus almas. Como "memento mori", nos recuerdan la pérdida y la brevedad de la vida.

out, / To meet *the wind* / & *the rain* / /intotheStorm / without me. (p. 80).

In "Leaving Home, Sweet Home" (p. 104) the heartbroken poet walks the streets:

> Just alive as well
> lost, individually
> in our own separate hells,
> Condemned to these streets
> where we walk
> like we dwell.

Papoleto was radicalized politically as a teenager. At an early age, he understood:

> O, Woe is The Lotus that opens to the world!
> For though the whole world looks beautiful,
> It is a cruel and unjust place, wherein
> Even love can disguise itself within a sinister face,
> While Hate itself strolls about unfazed!

"The Lotus" (p. 12)

Yet despite the world's indifference, it is city life that revives the poet's heart, and reaffirms his lifelong commitment: "My wish, It is humane." New York City is the other woman in Papoleto's love poems, the ever-present medium and conduit through which the poet's love of humanity flows. The poet's observant eye, keen ear, and especially empathic love of women capture vibrant urban vignettes: a passionate young couple sharing a pizza in "The Subway Lovers;" lesbian lovers in "Two Women Sitting;" a "happy young girl" in "She," twirling through the subway turnstile, still carefree, unaware of the blows life will bring her. At the opposite end of the life cycle is "Poem About a Woman," giving a loving embrace to a hunched, down-and-out woman curled up on the subway bench, while everyone carefully looks away. "Some Women Whom I know," is a deeply felt memorial to women who live and die with violence and abuse.

The streets of New York City, beyond intense confrontations with life's sorrows, also bring respite and camaraderie in unexpected places:

> And me
> and
> this busdriver,
> we drank rum
> all the way
> crossTown
> to the Bronx.

"Leaving Christopher's Bar, Late" (p. 106)

El final del amor, cuando llega, golpea muy fuerte. En poema tras poema: "Piezas", "En memoria del amor", "La muerte del amor", "La respuesta", "Mi mujer me dejó", sentimos la devastadora experiencia del poeta de amor perdido, a través de sus palabras simples y heridas. En "Pedazos", dice: "bebiste tu café, sosteniéndolo la taza / con ambas manos / sin levantar la vista. (p. 71). Además explora en "Te vas": "Pero te fuiste / A enfrentar al *viento* / y *la lluvia* / /*enlaTor-menta* / sin mi" (p. 81).

En "Dejando el hogar, dulce hogar" (p. 105), el poeta desconsolado camina por las calles:

> Simplemente vivimos mientras estamos
> perdidos, individualmente
> en nuestros propios e individuales infiernos,
> Condenados a estas calles
> por donde caminamos
> como si viviéramos.

Papoleto se radicalizó políticamente cuando era un adolescente. A una edad temprana, entendió:

> ¡Oh, Pobre Loto que se abre al mundo!
> Porque aunque el mundo entero se vea hermoso,
> Es un sitio injusto y cruel, donde
> Hasta el amor puede disfrazarse en un siniestro rostro,
> ¡Mientras el Odio se pasea impávido!

"El loto" (p. 13)

Sin embargo, a pesar de la indiferencia del mundo, es la vida de la ciudad la que revive el corazón del poeta y reafirma su compromiso de por vida: "Es humano Mi deseo". La ciudad de Nueva York es la otra mujer en los poemas de amor de Papoleto, el medio y conducto siempre presente a través del cual fluye el amor del poeta a la humanidad. El ojo observador del poeta, el oído agudo y el amor especialmente empático hacia las mujeres capturan vibrantes viñetas urbanas: una joven pareja apasionada que comparte una pizza en "Los amantes del metro", amantes lesbianas en "Dos mujeres sentadas", una "La juvenil y niña feliz" en " Ella ", girando por el torniquete del metro, todavía despreocupada, sin darse cuenta de los golpes que la vida le traerá. En el extremo opuesto del ciclo de vida, "Poema sobre una mujer" se trata de una mujer que abraza con amor a una mujer encorvada y abatida acurrucada en el banco del metro, mientras todos miran con cuidado hacia otro lado. "Algunas mujeres a quienes conozco" es un monumento profundamente sentido a las mujeres que viven y mueren con violencia y abuso.

Las calles de la ciudad de Nueva York, más allá de intensas confrontaciones con las penas de la vida, también brindan alivio y camaradería en lugares inesperados:

After what seems like an eternity of sadness, the poet is ready to open his heart again, and pleads, "Let me fall / in love / again, / In Afternoon love!" (p. 150).

The poet's plea is answered, and the lovely Puerto Rican actress Amneris Morales is now an essential part of his life. What a wonderful way to grow older — IN LOVE!

—Susana Torruella Leval
New York City, March 2019

Y yo
y
este conductor de autobús,
                bebimos ron
todo el camino
        atravesando
            el Bronx

"Saliendo tarde del bar Christopher" (p. 107)

Después de lo que parece una eternidad de tristeza, el poeta está listo para volver a abrir su corazón, y suplica, "¡Déjame caer / enamorardo / otra vez, / En la Tarde del Amor!" (p. 151).

La súplica del poeta es respondida, y la encantadora actríz puertorriqueña Amneris Morales, es ahora una parte esencial de su vida. ¡Qué maravillosa manera de envejecer—EN AMOR!

—Susana Torruella Leval
Nueva York, marzo de 2019

Lamento Manuelitana

[for my mother, Manuela Marrero]

Let the soft,
          stillchild,
                    Spirit
                         that is yours,
     Brown (
          in its color
                    of this Earth,
               in this city
                    of gray walls)...
  O, Let It
          Butter-fly once more—
                         the same
               as I have seen it
               when you've smiled
                         upon your child...
O, Let the colors
               in your eyes
                    reflect again
     That laughter
               in your soul (
                         the Hum
                    the Sea makes
                         when She comes)...
     That you may lay your head
        of hopes & dreams,
                    your hair
                    flowing
                         like ribbons into streams,
                                   fluffy
          on the pillow
               of your sleep—
                    Your body
                         mind
                              & soul
                                   complete,
     Now free,
          and painless as a sibling's kiss
                    Dreaming peacefully...
                              Whatever
                                   is your *wish!*

Lamento Manuelitana

[para mí mamá, Manuela Marrero]

Deja que el suave
        natimuerto
           Espíritu
             que es tuyo,
   Marrón (
     en su color
        como la Tierra,
      en esta ciudad
       de paredes grises)...
  Oh, Déjalo
     Volar como *Mariposa* una vez más—
              tal y como
      lo vi
        cuando sonreíste sobre
            tu hijo...
Oh, deja que los colores
       de tus ojos
          reflejen de nuevo
   Esa risa
      en tu alma (
         el rumor
          que hace el mar
           cuando ella viene)...
  Para que puedas recostar tu cabeza
   de esperanzas y sueños,
         tu cabello
           cayendo
             como cintas en arroyos,
               mullidos
     en la almohada
       de tu sueño—
         Tu cuerpo
           mente
          y alma
             completos,
  Ahora libre,
    y sin dolor como el beso de un hermano
        Soñando tranquilamente...
               ¡sea
                lo que deseas!

Poem For My Father

[for my father, Abrahám]

Today, I've seen green:
                    The Color, Green
            Green, green
                a light green
                almost green, but still green

Such greens, such greens
                    as I've never seen
                        or dreamed
                    yet it seems
                    I know these
                            greens

        Dark greens, & still darker greens
            & greens with light
                    shining from their tops
            & greens you could not describe
                            no matter how you tried
        Greens with water flowing through them,
                                Greens almost on fire
            Greens the color of earth,
                Greens the color of the sea
            Greens in a shadow of green
                & greens where the bugs that lay upon them
                                        are lost
                                            in their greenery

Green, green;
            Green with life,
        Green of death—
                    Such green,
                    as my father will never see,
                                        gone
                        from this green reality...
: Today, I grieve
        in the mystery of green.

poema para mi padre

[para mi papá, Abrahám]

Hoy he visto verde:
            El Color Verde
    Verde verde
        un verde claro
          casi verde, pero aún verde

Tales verdes, tales verdes
           como nunca los he visto
          o soñado
          sin embargo, parece
          que conozco a estos
          verdes

    Verdes oscuros y verdes aún más oscuros
      y verdes con luz
           brillando desde sus cimas
      y verdes que no podrías describir
           por mucho que lo intentes
   Verdes con agua fluyendo a través de ellos,
           Verdes casi en llamas
      Verdes del color de la tierra,
      Verdes del color del mar
    Verdes en una sombra de verdes
       y verdes donde están los insectos que descansan sobre ellos
              perdidos
               en su verdor

Verde, verde;
      Verde de la vida,
    Verde de la muerte—
        Tan verde,
          como mi padre nunca verá,
              ido
          de esta realidad verde...
: Hoy me lamento
   en el misterio del verde.

The Lotus

Fast asleep, and well hidden
beneath a boulder of solid rock,
compressed beneath a sheet of steel and iron,
The Lotus Flower kept itself, unsprung of itself,
safe in its secured abode underneath the Earth;
Beneath the light of Sun, or enlightenment
of the Moon, below the swoon of lovers
strolling overhead, hand-in-hand, heart-in-heart,
The Lotus, oblivious to the joys, or pain
of love's embrace,
protected in its own hard-shell.

And it was safe in its own place,
far from all harm that comes
from falling in love, and being in love
with someone else, other than oneself;
To let go the fear of falling, and falling
into love's abyss beginning with a kiss, as this
or any other missed moment of an embrace,
Wherein one is embraced by someone else,
and not just themselves, which sustains us
as well, but only for a moment's grace,
and then, we are all alone again.

O, Woe is The Lotus that opens to the world!
For though the whole world looks beautiful,
It is a cruel and unjust place, wherein
Even Love can disguise itself within a sinister face,
While Hate itself strolls about unfazed!

O, Let Awake the sleeping Lotus—
For the purpose of stomping it into the mud
from whence it rose! Then, it too shall know
For whom the heart leaps, or the lover weeps.

El Loto

Profundamente dormida y escondida
bajo una roca sólida
comprimida bajo una lámina de acero y hierro,
La flor de loto se mantuvo intacta, sin florecer,
segura en su morada debajo de la Tierra;
Bajo la luz del Sol, o la iluminación
de la Luna, bajo el desmayo de los amantes
Paseándole por encima, codo a codo, corazón a corazón,
El Loto, ajeno a las alegrías o penas
del abrazo del amor,
se protege en su propia armadura fuerte.

Y estaba a salvo en su propio lugar,
lejos de todo el daño que trae
enamorarse y amar a otro
que no seas tú mísmo.
Suelta el miedo a caer y caer
en el abismo del amor que comienza con un beso, sea como este
o en cualquier otro momento perdido en un abrazo,
Donde eres estrechado por otro,
y no solo por ti mismo, abrazo que nos sostiene
también, pero solo por un momento de gracia,
y luego, estamos solos otra vez.

¡Oh, Pobre Loto que se abre al mundo!
Porque aunque el mundo entero se vea hermoso,
Es un sitio injusto y cruel, donde
Hasta el amor puede disfrazarse en un siniestro rostro,
¡Mientras el Odio se pasea impávido!

¡Oh, deja que despierte el loto dormido—
Con el fin de pisotearlo en el barro
donde floreció! Entonces, también sabrá
Por quien late el corazón, o el amante llora.

Open poetry reading

If Body were not Art:
    How many paintings, then
      The uncompleted master's piece?
    The sculptor's hands would bend against clay;
    The musician's ears would melt without sound—
      O! That the writer's pen would stumble in slumber,
       As dancers would lay dead in the dawn!

This shell—
       This tissue that we abuse,
It may not say all that is the truth of us—
It may all, in fact, be a lie—
         But it is here.
It is what these eyes see...

So, let it lure me to where you stand
That I might hold you in these human hands,
Where dreams exile themselves to secrets.
In the madness of midnight endless-nights
That break material dawns,
Let me confess my love for you!
So many secrets that we would keep
From the open minds of children;
Would we dare dress a flower?
Before their naked eyes!

Lectura de poesía

Si el Cuerpo no fuera Arte:
   ¿Cuántas pinturas, entonces
      Serían una obra maestra incompleta?
   Las manos del escultor se rendirían ante la arcilla;
   Los oídos del músico se derretirían sin sonido-
     ¡Oh! Que la pluma del escritor tropezaría soñolienta,
     ¡Mientras los bailarines morirían al amanecer!

Este caparazón—
       Este tejido al que abusamos,
Puede que no diga todo lo que es nuestra verdad—
Puede que todo sea una mentira en realidad—
          Pero está aquí.
Es eso lo que estos ojos ven…

Atráeme pues a donde estás parado
Para poder sostenerte con estos brazos humanos
Donde los sueños se exilian en secretos.
En la locura de la medianoche interminable
Donde brota materializado el amanecer
¡Déjame confesar mi amor por ti!
Todos los secretos que guardaríamos
lejos de la mente abierta de los niños
¿Nos atreveríamos a vestir una flor?
¡Ante sus humanos ojos desnudos!

BORRACHO [Very DrUNK]

The diamond that sleeps around your neck
sleeps very pretty.
It bounces when you sing the words you want to say,
tender in soft nights I've come to know
And I love the way your hair falls softly
on your face.
You must be a star, or a piece of planet
from warmer places, so heavenly is the cloud-step
that is yours.
I have known you in someplace else;
I remember where the fish were plenty,
And there were children that played with stone:
This love, It is profound.

With your eyes that come from angels, and a smile
that is full of stars—
You are a wild spirit that is part of the wind.
Flowers have an equal smell to the air
that surrounds you
And when you walk, that is when the waves
touch the shores.
I have seen the Moon, when even she has followed you.
And now your smell has come from out of brighter days,
into my darkness; It calls my name,
I come,
          O, I come dancing!

Begin to count the numberless nights
that we have looked to stars and other emeralds—

                              beyond
                                Imagination!

There are so many that fills this cup of milk;
I am so small in this dream that twirls.
Kiss me softly,
Hold me this evening that falls:
My wish, It is humane.

BORRACHO [Muy borracho]

El diamante que duerme alrededor de tu cuello
duerme exquisitamente hermoso.
Salta cuando cantas las palabras que tú quieres decir,
tierno en noches suaves que he llegado a conocer
Y adoro como cae suavemente tu cabello
en tu rostro.
Seguro que eres una estrella o un pedazo de planeta
de lugares candentes, tan celestiales como el paso de la nube
que es tuyo.
Te he conocido en otro lugar;
Recuerdo que estaba lleno de peces,
Y niños que jugaban con piedras:
Este amor, es tan profundo.

Con tus ojos que vienen de los ángeles, y una sonrisa
llena de estrellas—
Eres un espíritu salvaje como el viento
Las flores tienen el mismo olor del aire
que te rodea
Y cuando caminas, es cuando las olas
tocan las costas
He visto la Luna, incluso cuando ella te ha seguido.
Y ahora tu olor proviene de días más brillantes,
en mi oscuridad; Me llama por nombre,
Voy,
    ¡Oh, voy bailando!

Comienzo a contar las innumerables noches
en las que hemos visto estrellas y esmeraldas—

                más allá de
                ¡La Imaginación!

Hay tantos que llenan esta taza de leche;
Soy tan pequeño en este sueño que gira.
Bésame suavemente,
Abrázame esta tarde que muere
Es humano Mi deseo.

The Dream Breeze

There,
    a woman sleeps
  Not just any woman
        , but
         the one
          & only
            Woman
   Who shares her heart
        with me
          , sleeps
    totally at peace,
        naked
         upon a lover's seat;
   The bareness of her breasts
         falling softly
          on themselves,
   rising in a breath
        exhaled
        within a dream
          wherein
           , a breeze
    comes
     consistently
      from a fan
       blowing
       on the floor,
         a short
          distance
       from the door(

    through which
     no evil ideal
     will ever steal
       , or dare
        disturb)

         this peaceful
          Soul
         asleep
         between

La brisa de ensueño

He ahí,
      una mujer duerme
   No cualquier mujer
          , sino
             la única
                 e incomparable
                      Mujer

    La que comparte su corazón
             conmigo
                ,duerme
     totalmente en paz,
            desnuda
              sobre el sofá de los amantes;
    La desnudez de sus senos
              cae suavemente
              en sí mísmos,
      elevándose con el respiro
              exhalado
                  dentro de un sueño
                      donde
                        , una brisa

      viene
        constantemente
         del abanico
           que sopla
            en el piso,
               a corta
                 distancia
          desde la puerta(

   a través del cual
      ninguna maldad ideal
      nunca robará
         , o se atreverá
        molestar)

             esta pacífica
               Alma
            dormida
             entre

the *other* fan
Who,
mysteriously
stands
upon
his own
pedestal
&
oscillates
its tilted head,

She
dreams
beneath
the breeze
& gaze
of me
, as if
a kite
caught
in a puff
of wind.

Jesús Papoleto Meléndez

el *otro* ventilador

        Que,

misteriosamente

     se levanta

        sobre

su propio

   pedestal

      y

    oscila

su cabeza inclinada,

       Ella

       sueña

         debajo

          de la brisa

            y me

           mira

       , como si

         fuera un cometa

            atrapado

     en un soplo

      del viento.

Past The Fly's Eye

In a *slow* movement,
　　　　　　　I would lower my head
　　To where *the tenderness* of your lips hide,
　　And there—
　　　　　　I would *kiss you* with a feather's touch
　　　　　　　　　　　　　　, so humble

　　a Butterfly between our space
　　　would not wrinkle its wings,
　　　　　　　　　or leave its colors
　　　　　　　　　　　　on our lips!

I, in the magical embrace
　　of the things that celebrate
　　　in your lit-candle cafes within,
　　　　　　　　　where
　　　　　　　　　your *womb's naked*—
　　You, the integrity
　　　　of *A Dream Come True!*...

It would be *Wild!,* indeed,
　　　　　　　To *touch the Visions*
　　　　　　　　Reserved for sleep!
In a place
　　where a *Dreamer*
　　　would lay its wearied head—
The *Angels*
　　that disguise themselves the swaying
　　　　　　　　　　flowers
　　in the gardens
　　where the *MadNESS*
　　　　of *ChildHOOD*
　　　　　plays—
Secretly, *They'll be our toy wooden Soldiers!*

So let us go, unafraid
　　　　—*Flying!!!*...
　　　　　　In the fluttered dance
　　　　　　　of a Butterfly's flight

Más allá del ojo de la Mosca

En un movimiento *lento*,
                    bajaría la cabeza
    En donde se esconde la ternura de tus labios,
    Y Ahí—
              Te besaría como el roce de una pluma
                              , tan suavemente
        que una Mariposa entre nuestro espacio
                no arrugaría sus alas,
                        ni dejaría sus colores
                              sobre nuestros labios!

Yo, en el abrazo mágico
      de las cosas celebradas
            entre las velas encendidas del Banquete,
                            donde
                        tu *vientre está desnudo*—
      ¡Tú, la integridad
              de *Un Sueño Hecho Realidad*!...

¡Sería *Salvaje!*, verdaderamente,
                        Tocar las Visiones
                            ¡Reservadas para el sueño!

En un lugar
      donde un *Soñador*
            pondría su cansada cabeza—
Los *Ángeles*
      que se disfrazan asimismos de *flores*
                            que se balancean
            en los jardines
            donde la *LoCURA*
                de la *InFANCIA*
                    juega—
Secretamente, *¡serán nuestros Soldaditos de madera!*

Así que vámonos sin miedo
              —¡¡¡*Volando*!!!...
                        En la danza revoloteada
                        del vuelo de una Mariposa

That would lay us
             , Someplace
               into gentle sleep;
                           a Star... a Planet
                                         , a Drop of rain—
Oh!,
      The Advance of a 1,000 Dreams from here!

Eso nos pondría
        , *En Algún Lugar*
            en un apacible sueño;
                     en una Estrella... un Planeta
                        , *o una Gota de lluvia*—
¡Oh!,
    ¡El Salto a 1,000 Sueños de aquí!

THe LoverS' SWeet

She says—
      "He loved me with a desperate heart!"
                  , as if
    impatient to live the moment of their love—
               then rush
   To continue loving in their love...

It was intense, this love,
 as any other love
         , except
    much more
       , their love;
            their love
              being all theirs, and the only
             thing they ever held.
Nothing else on Earth,
        or beneath
          a placid rock,
         much mattered.

Time itself became as water
           , where
            it flowed
 and no one knew quite to where, nor
   did the lovers care to care—
Their daily bread
      was the sacred bed,
            the sheets,
        the leaves,
          the flakes
           of snow,
        the grains of sand,
       the strands
        of hair,
          the
     sharp blades of grass,
          the
      mirror's
        glass...

El amor de los amantes

Ella dice—
      "¡Me amaba con un corazón desesperado!"
                                          , como si
    estuviese impaciente por vivir ese momento del amor de ellos—
                            y entonces, apresurarse
  Para seguir amando en su amor…

Fue intenso, este amor,
    como cualquier otro amor
                , solo que
      mucho más
          , su amor;
            su amor
              siendo solo de ellos, y lo único
                que alguna vez tuvieron
Nada más en la Tierra,
        o bajo
          una roca plácida,
      les importaba mucho.

El tiempo mismo se convirtió en agua
            , dónde
             fluía
   y nadie sabía exactamente hacia dónde, ni
   a los amantes les importaba si importaba—
Su pan de cada día
      era la cama sagrada
             las sábanas,
        las hojas,
          los copos
           de nieve,
      los granos de arena,
      los mechones
        de cabello,
           y las
    hojas afiladas de la hierba,
            el
          vidrio
           del espejo…

As they glanced back and forth
      between each other
        and each other,
And their smiles as fresh
         as babies' breath
           in a Rose bouquet...

They loved desperately each day,
They held not a moment longer than its time
   They ran up streets, and cried and sang
They drank wine with bums and dried themselves
     in starry suns
   They laughed at the man stuck in the moon, and wept
     with Him too soon,
They swore on their parents' names, with crossed fingers
     behind their back,
They dealt crooked cards to *the Feds,* and
Fed the naked children of the streets
   They greeted statues & conversed with pigeons
     in the parks
They still made shadows in the dark,
   They refused to confess their holy sins, unless
     into each other's blessed ears,
              O Yes!
They lived without fear,
      For their love
       made them Pure,
         & Holy
         & Loved
      by even their God.

Mientras ellos miraban de un lado a otro
   entre ellos
    y el uno al otro
  Y sus sonrisas tan frescas
      como el aliento de los bebés
      en un Ramo de Rosas...

 Amaban desesperadamente cada día,
Ellos no aguantaron ni un momento más de su tiempo
 Ellos corrieron por las calles, y lloraron y cantaron
Ellos bebieron vino con vagabundos y se secaron
  en soles estrellados
 Ellos se rieron del hombre atrapado en la luna y lloraron.
  con ÉL demasiado pronto,
Ellos juraron en nombre de sus padres con los dedos cruzados
  detrás de sus espaldas,
Ellos repartieron cartas fraudulentas a los empleados *Federales,* y
Alimentaron a los niños desnudos de las calles
  Ellos saludaron a las estatuas y conversaron con las palomas
  en los parques
Inmóviles hacían sombras en la oscuridad
 Ellos se negaron a confesar sus pecados santos, a no ser que
  fuera en los oídos benditos del otro,
      ¡Oh Sí!
Ellos vivieron sin miedo,
   su amor
   los hizo Puros,
     Y Santos
     Y Amados
    hasta por su Dios.

My Lady

The Handsome Lady
Rides a Handsome Man
In a Handsome cab
Drawn by a Handsome horse
With his Handsome hair
In the Handsome air
Blessed by Handsome stars
In a Handsome night
Where fly Handsome birds
Through Handsome clouds
And sing their Handsome songs
That bring the Handsome boys
To the Handsome girls
With their Handsome eyes
To the Handsome rooms
With the Handsome curtains
And the Handsome sheets
Beneath which Handsome madness
Occurs in Handsome madness
To seem a Handsome dream
And awake in a Handsome morning
To see a Handsome face
And touch a Handsome hand
To drink Handsome coffee
And have a Handsome toast
To share a Handsome laugh
And walk a Handsome street
And in a Handsome hour
To smell a Handsome flower
And recall that Handsome moment
To see the Handsome Lady
Who rides a Handsome Man
In her Handsome cab
Who doffs his Handsome hat
Quite Handsomely!

Jesús Papoleto Meléndez

Mi dama

La Hermosa Dama
Cabalga a un Hombre Hermoso
En un Hermoso carruaje
Tirado por un caballo Hermoso
Con su pelaje Hermoso
En el aire Hermoso
Bendecido por estrellas Hermosas
En una Hermosa noche
Donde vuelan Hermosas aves
Por entre las hermosas nubes
Y cantan sus hermosas canciones
Que atrae a los niños hermosos
Hacia las Hermosas niñas
Con sus Hermosos ojos
A las habitaciones Hermosas
Con las Hermosas cortinas
Y las Hermosas sábanas
Debajo de la cual la enloquecida locura
Produce la Hermosa locura
Para ver un sueño Hermoso
Y despertar en una Hermosa mañana
Para ver un rostro Hermoso
Y tocar una mano Hermosa
Para tomar un café Hermoso
Y tener un brindis Hermoso
Para compartir una Hermosa risa
Y caminar por una calle Hermosa
Y en una Hermosa hora
Oler una flor hermosa
Y recordar ese momento Hermoso
Para ver a la Hermosa dama
Que monta a un hombre Hermoso
En su Hermoso carruaje
Quien se quita su Hermoso sombrero
¡Muy Caballerosamente!

StolWolski's Finest Moment

O, that I love You,
With the madness that lays sand
                              soft asleep
    on an oyster's tongue;
                        To awake a pearl—
To awake a desire in men's minds!

With the wind of a summer's midnight cloud,
    from out of open space,
                        Your eyes return
    to perform their miraculous mystery dance
        before the dreams that I lay my head to sleep,
            before my very dreams.

So now it is that I see You,
                    in all that I have saved
                        for my memory;
    Among the things that are in heaven,
                                    I see You!
For the night you held me,
                        there are no secrets
    between the spaces of
                    You&I;
    Your Story juxtapositions
                my own Stars:

O, I have more than seen
                    your open face;
    There is nothing else for us to do.

EL Mejor Momento de Stolwolski

Oh, que te amo A Tí,
Con la locura que pone a un grano de arena
                              suavemente a dormir
      en la lengua de una ostra;
                    Para despertar una perla—
¡Para despertar el deseo en la mente de los hombres!

Con el viento de una nube de medianoche de un verano,
    desde fuera del espacio abierto,
                         Tus ojos regresan
    para realizar su misteriosa danza milagrosa
        frente a los sueños que ponen mi cabeza a dormir,
        antes que mis propios sueños.

Entonces ahora es que Te veo,
                    en todo lo que he guardado
                         para mi memoria;
      Entre las cosas que están en el cielo,
                              ¡Te veo!
En la noche que me abrazaste,
                    no hay secretos
      entre los espacios de
                    TúyYo;
    Tu Historia yuxtapone
                a mis propias Estrellas:

Oh, he visto más que
                tu cara descubierta;
    No hay nada más que podamos hacer.

Love Itself

You love me in the most serious of times,
   When life is at its realist
     and its meaning, so desperate, almost
                     out of breath
                       for life, itself
    When my mind is taut, against
              myself
    as if it a wall against myself;
              its stare into itself
              a pointed tool, positioned
                     in perfect aim at me,
                          myself
                  against myself,
                           yet

    Your Love…
        You love me, in spite of me.

You love me with an endearing kindness, a softest
   hand held just near my face,
             not a breath, a space
    so it will not fall, my face
    nor the wind could shake it
             from
             your embrace,
     and allows it sleep
      resting upon your unmothering breasts,
                  measuring not
                    the load
            that life weighs in itself
                  upon itself,
          though knowing me
         as I sleep softly in a dream.

You love me with the grace of laughing
              without a hand
           at your mouth's door,
                 where
          your lips lay, standing
               in limpid guard—

EL aMor MiSMo

Me amas en los momentos más serios,
   Cuando la vida es más realista
     y su significado, tan desesperado, casi
                    sin aliento
                      para la vida misma
    Cuando mi mente está tensa, en contra
                  de mí mismo
     como si fuera un muro en mi contra;
                  su mirada en si misma
               una herramienta apuntando, posicionada
                   en perfecto apunte hacia mí,
                           yo
                  contra mí mísmo
                     sin embargo

   Tu amor...
      Me amas, a pesar de mí.

Me amas con dulzura entrañable, la más suave
   de las manos sostiene mi cara,
        ni un aliento, ni un espacio
   para que no caiga, mi cara
    ni el viento podría sacudirla
           de
           tu abrazo,
   y me dejaría dormir
    descansando sobre tus pechos virginales,
              sin medir
               la carga
        que la vida lleva en si misma
           sobre sí mísma,
      a pesar de conocerme
        mientras duermo suavemente en un sueño.

Me amas con la gracia de la risaj
       sin una mano
        en la puerta de tu boca,
            donde
        tus labios permanecen, erguidos
              en húmeda custodia—

Your heart!
      throwing back its head
              to where
                   the bottom of its bright, red throat
                               is seen,
                                 even

                   from the passing view
                      of a few flying birds,
                             scouring
                 the tops of trees,
                  the palms of leaves,
                for love of food,
                       each one,
                            itself alone.

Finally, You love me with a love that calls me home,
                         and i
  knowing the true name of nature's love,
                    come, not alone
    But in the full regalia
           of all of me;
               my past, my lies
                   even
    still shifting eyes
        in comfort's zone,
               yet untrusting comfort—
  as if nothing good of earth
    could possibly pertain to me.
Yet you,
    You say,
      in the street
      and softly when you sigh in sleep,
    You say,
        "You belong to me"
    Woman made Spirit,
            and flesh and bone,
                  made manifest
    in the love you bring
         to love,
           to me, itself.

¡Tu corazón!
     como una cabeza echada hacia atrás
          hasta donde
            el fondo de tu garganta, roja y brillante
               se veía,
                   incluso
         desde la vista pasajera
          de unas pocas aves que vuelan,
               rastreando
         las copas de los árboles,
          el espacio entre las hojas,
        buscando comida,
           cada una,
             de ellas, solas.

Finalmente, Me amas con un amor que me llama a casa,
               y yo
sabiendo el verdadero nombre de la naturaleza del amor,
           voy, no solo
   Pero con toda la realeza
       de todo mi ser;
          mi pasado, mis mentiras
              incluso
   hasta la mirada esquiva
      en su elemento,
          de desconfiada comodidad—
   como si nada bueno de la tierra
     posiblemente podría pertenecerme.
Pero tú
   Tú dices,
     en la calle
      y suavemente cuando suspiras en el sueño,
   Tú dices,
     "Me perteneces"
   Espíritu hecho Mujer,
       y carne y hueso,
         hecha manifiesto
   en el amor que traes
      al amor,
       por sí mísmo.

JUST A KISS

This poem is just for you...

That I want to tell you
                         of you;
   That through just a kiss
                         from you,
      my world is transformed
         by your inner peace.
That just a kiss accomplishes this,
   Just goes to show
      the power and the softness of your soul
   That made my own to have the guts to say,
      "Hey, you speak to me..."
Was more than my own lips
   could grip the courage
      that my soul could not
         encourage with its own mouth to say!
But here I am, altogether
   in unison with this friend of mine,
      body & my soul.
Your kiss does this to me—
   That it lifts my spirit up
                         from its knees;
   That, then it soars with ease
      to where it pleases, & pleases to be
                         with you,
                      in you,
                   among you,
                      You!

You are so lovely,
   I just thought to let you know
O, You are so fine
   With just a kiss from you,
      My love, a kiss from you.

Sólo un beso

Este poema es solo para ti...

Que quiero hablarte
            de ti;
   Que a través de solo un beso
              tuyo,
    mi mundo se transforma
     por tu paz interior
Que tan solo un beso pueda lograr esto,
   Es la muestra
    de la fuerza y la ternura de tu alma
   Que me hizo tener las agallas para decir:
    "Oye, tu le hablas a mi ser..."
Eso fue más que lo que mis propios labios
   pudieran decir armados de coraje
     más que lo que mi alma pudo
      alentar a mi boca para hablar!
Pero aquí estoy, completamente
   al unísono con este amigo mío,
   mi cuerpo y alma.
Tu beso me hace esto—
   Que levanta mi espíritu
        desde las rodillas;
   Y, entonces se eleva fácilmente
   a donde le place, y le gusta estar
       contigo,
     en ti,
     en medio de ti,
       ¡Tú!

Eres tan encantadora,
   Solo pensé en hacértelo saber
Oh eres tan hermosamente dulce
   Con solo un beso tuyo,
    Mi amor, tan solo un beso tuyo.

Your Eyes

Your dreamy eyes
                return to me;
They roll back
          into your mystery,
                    where i am searching...
Your slim lips
            kiss themselves
And i taste your tongue
               with nakedness
                     on fire
                        between
                            your thighs,
And my eyes
          roll back
              within your mystery...

Tus ojos

Tus ojos soñadores
                regresan a mí;
Se pierden
        en tu misterio,
                en donde estoy buscando...
Tus delicados labios
             se besan
Y pruebo tu lengua
        con desnudez
                ardiente
                  entre
                    tus muslos,
Y mis ojos
        se pierden
            dentro de tu misterio...

The Subway Lovers

He cares for her...
   He paints lipstick on her lips
     as she smiles, waiting
       for the train to come
        to pick them up
          & take them somewhere
               else.

He's bought his lover
  a slice of pizza,
    which she eats while
       concentrating deeply.
He speaks softly
  to her, while she concentrates
              just so.
  Her eyes skate off
    in various directions, landing
    on inanimate objects;
  The empty bench across
          the platform,
   on the other side
   a trash bin, not
    too far away;
        the laces
          on her
        brand new shoes.

Both couples plan
          for tomorrow, as if
    it were a promise,
And their promises fall
   on ears so full of hope
    they need eyes to glisten off of
       while their lips grow full & moist.

Ah! That dreamy look
     where all love hides;
  The vacant stare

Los amantes del metro

Él la quiere...
　Él le pinta los labios con carmín
　　mientras ella sonríe, y esperan
　　　a que llegue el tren
　　　　a recogerlos
　　　　　y llevarlos a algún otro
　　　　　　　　　　lugar.

Le ha comprado a su amante
　un pedazo de pizza,
　　el cual ella come
　　　profundamente concentrada.
Él le habla suavemente
　mientras, ella permanece concentrada
　　　　　　　　solamente.
　Sus ojos se pasean
　　en varias direcciones, hasta posarse
　　　sobre objetos inertes;
　　El banco vacío al otro lado
　　　　　　　de la plataforma,
　　en otro lado
　　　un cubo de basura, no
　　　　muy lejos;
　　　　　　los cordones
　　　　　　　de sus
　　　　　　　zapatos nuevos.

Ambas parejas planifican
　　　　　para mañana, como si
　　　fuera una promesa,
　Y sus promesas caen
　　en oídos tan llenos de esperanza
　　　que necesitan ojos que los reflejen
　　　　mientras sus labios emergen y se humedecen.

¡Ah! Esa mirada de ensueño
　　donde todo amor se esconde;
　La mirada vacía

seemingly to nowhere
                    yet, eternally
                    a constant stare
Into where everything of mystery
    reveals itself in the instance
                        of a moment,
            before Reality again.

And there's the sting & string
                    that binds us all!
    For however we perceive
                    Love to be;
    There it is, in the darkest place—
    In the bright broad light,
                        Obvious and plain
        A mystery explained
                    that only *They,* today
        Understand the total truth of it.
    And no one can say
        to be the other
                    wise.

pareciera mirar hacia ninguna parte
sin embargo, eternamente
la mirada constante
Está donde todo el misterio
se revela en la instancia
de un momento,
ante la Realidad otra vez.

¡Y ahí está el aguijón y la cuerda
que nos une a todos!
No importa cómo percibimos
que sea el Amor;
Ahí está, en el lugar más oscuro—
En la luz amplia y brillante,
Obvio y sencillo
Un misterio explicado
que solo *Ellos,* hoy
Comprenden la verdad total de ello.
Y nadie más puede decir
que conoce
esta ciencia.

A Slow Walk Through The Park

NO! NOT US, NO!

We will not go
   in such a rush,
     to get from here
          to there,
       to be there
     rather than here,
            right now!

We know
   the proper speed
     of Life's good sense of time...
It is not
   all *That*
     in such a rush.
Life contemplates itself
          as it goes on,
   pondering its wonder
         all the time,
    reflecting on the very
          Moment
          that it lives, as it
             lives it
        and breathes in
        the breath
          of Life
        that gives Life
          to it.

And this is It—
   Such a simple thing
    for the human mind
         to Master—
            Patience;
  Perfect peacefulness
         in slowness
   at once, one

Un paseo lento por el parque

¡NO! ¡NOSOTROS NO! ¡NO!

No nos iremos
   con tanta prisa,
      para ir de aquí
          a allá,
       estar allá
     en vez de aquí,
            ¡ahora mismo!

Sabemos
  la velocidad adecuada
  del buen sentido del tiempo de la Vida. . .
No anda
    con *Todo*
     ese apuro.
La vida se contempla
         mientras continúa,
    reflexionando sobre su maravilla
         todo el tiempo,
     pensando sobre el preciso
            Momento
           que vive, mientras
                lo vive
            y respira
            el aliento
               de Vida
           que le da Vida
              la Vida.

Y Todo esto es—
  Algo tan simple
    para que la mente humana
         lo Domine —
              Paciencia;
   Paz perfecta
       en lentitud
     inmediata, uno

with all the swiftly spinning Matter
of the Universe...
We know the place
   Where the tender heart sleeps
                    peacefully
      Where it rests its face,
                 dreamingly
               at its own pace.

We know a different way of Life,
               of Living
                  , rather than
      this vicious race
         against the element
                  of Time,
    which in due time
      claims every kind
               of living thing.

Within the embrace
            of our Love,
    We are against
      the haste that blinds us
         from the Rose's face
                  blooming
                from its once
                    buried place.

con toda la Materia del Universo
que gira con rapidez...
Conocemos el lugar
Donde el tierno corazón duerme
pacíficamente
Donde descansa su rostro,
soñando
a su propio ritmo.

Conocemos una forma diferente de Vida,
de Vivir
, en vez de
esta carrera viciosa
contra el elemento
del Tiempo,
que a su debido tiempo
reclama todo tipo
de ser viviente.

Dentro del abrazo
de nuestro Amor,
Estamos en contra
de la prisa que nos ciega
de la faz de la Rosa
que florece
desde su propio lugar
de entierro.

SHe

The happy young girl
                    goes
        twirling
            & skipping
            in the subway system,
                        giggling
            with her small brother,
                        going to kiss
                her cousin good-bye
                    at the token turnstile
                                before
                    the train,
                            always arriving

You say
    to yourself;

    "You're never, ever gonna
                    meet
                    a happy, young girl
                                like that
                                    anymore!"

Girls are happy
                like that, just once
        in their lives

    After that—someone comes
                        along
            & gives them a memory
                    that will never
                        go away...

ELLa

La juvenil y feliz niña
                    va
    haciendo piruetas
                y saltando
        en el metro,
                    riendo
            con su pequeño hermano,
                        mientras despide
            a su primo con un beso
            en el paso del peaje
                            antes
                del tren,
                        siempre llegando

Te dices
    a ti mísmo;

    "¡Nunca, jamás vas a
                encontrar
                    a una joven y feliz niña
                                así
                        como ella!"

Las niñas son felices
                así, solo una vez
        en sus vidas

    Después de eso—alguien pasará
                        por su lado
            y les entregará un recuerdo
                    que jamás
                    se marchará...

The Singing

the flowers,
the blue skies, the sunlight,
the soft rain,
the dew that wakes you,
the silent sound of the wind,
the trees that give shade;
the poetry.

Take what you can, Lovers,
of the things that come
in summer's only.
Hold them for when the winter
comes around again.

That when the coldness
finally pervades,
You might open your hands
releasing the tiny treasures
that you have saved . . .
And only then,
Remember them as they once were
when you once walked the streets
alone,
unloved.

Jesús Papoleto Meléndez

El canto

las flores,
los cielos azules, la luz del sol,
la lluvia suave,
el rocío que te despierta,
el silencioso sonido del viento,
los árboles que dan sombra;
la poesía.

Tomen lo que puedan, Amantes,
de las cosas que llegan
solo en el verano.
Aférrense a ellas para cuando vuelva el invierno
otra vez.

Que cuando la frialdad
finalmente penetre,
Puedan abrir sus manos
liberando los pequeños tesoros
que han guardado...
Y solo entonces,
Recuérdenlos como solían ser
cuando una vez caminaron por las calles
solos,
sin amor.

Two Women Sitting

There are two women
sitting on a bench
across from me, kissing.
At this distance, they
appear like lovers;
a man and a woman,
since both wear
trousers, but both are
women, and yet
appear as lovers, a
man and a woman.
They hold each other
passionately & embrace;
they fall into each
other's arms, then
lean, one into another.
And here they are lost;
as lovers often are—
Their mingle entwines to
where, if they were
a man & woman, one
observing could not tell
which was the woman
& who the man.

DoS MuJereS SeNtadaS

Hay allí dos mujeres
sentadas en una banca
enfrente de mí, besándose.
En la distancia,
parecen ser amantes;
un hombre y una mujer,
pues ambas llevan
pantalones, pero son
mujeres, y aun así
parecen ser amantes, un
hombre y una mujer.
Se unen
apasionadamente y se abrazan;
echándose una en brazos
de la otra,
apoyándose así, una a la otra.
Y aquí están perdidas;
como a menudo los amantes lo están—
Sus cuerpos se entrelazan hasta
donde, si fueran
un hombre y una mujer, el que
observa no podría decir
cuál era la mujer
y quién el hombre.

Apology, In Still-Life

I have to say, *"I'm Sorry"* because
I broke the ear off of one of the 13 tiny Mexican clay coffee cups,
which exist to decorate the front side of the colorful miniature
construction of little wooden sticks, pasted together and painted
green and yellow, so carefully with pure patience and calm thought;
The Artist's mind must have been free to roam to where it would ever go,
this so eloquently evident by the delicateness of each detailed figure,
so neatly placed upon the three small shelves, or it is something
hanging from one of the walls that make it up!
All this, the gift your Mother gave to you on Mother's Day,
her beloved daughter; a mother's wish fulfilled, seeing herself
reflected in the mirror of your love, seeping through your eyes to
pierce the sad perspective of this stray man, who lurks, so unaware
that every thing knows that everything comes from somewhere,
and that as it is with love, pain is always aware of its origins; and
Here am I, mirrored in my own mystery, having stumbled upon *You!* . . .

A grey Elephant, with petite pink ears, throws his trumpet trunk up
to the air from the center shelf, while a bronzed Dog walks away seeing this —
the only obstacle obstructing both — being a painted Tea Cup, blocking
the road ahead, but would most likely move aside, perhaps,
   if kindly asked —
were it not for the fact of it being pasted to where it's at, while
A Burro stands on the very top shelf and guards a Candle on a stick.
Un Pilón lies at the foot of the Burro's hoof, as a Silver Guy
wearing a red shirt with green trousers, blows a mean silver Horn
with silver Shoes a-shining, and a Turkey sits in awe, and wonders
in great thought beside a Cup its equal size. As against a wall
there are two brown, bigger Cups, could be for soup, silently looking on.
A Plate commands the center wall, and it's painted white with a light
burgundy trim, two Flowers design it, one green-leafed with a red face,
the other is marooned with yellow eyes, and this no bigger than
the simple orbs of a curious child. Below this shelf is the Elephant
and the Dog, and the road of Cups. A huge Vase, the same size as
the Elephant, seems to whistles secrets in the background;
"Oh, You have to listen to the quietness to hear them," it's understood.
Three very large Soup Bowls harmonize melodies with a dainty white Plate,
trimmed in pink, & a Flower with four green leaves, and a pink one to match

Disculpa al Fresco

Tengo que decir *"Lo siento"* porque
rompí la oreja de una de las 13 tacitas de café de arcilla Mexicana,
que existen para decorar la parte frontal de la colorida construcción de miniaturas
de pequeños palos de madera verde y amarillo, pegados y pintados,
tan cuidadosamente, con pura paciencia y pensamiento tranquilo;
La mente del Artista debe haber estado libre de vagar hacia donde quisiera,
así es de elocuentemente evidente por la delicadeza de cada figura detallada,
tan pulcramente colocada sobre los tres estantes pequeños, o es algo
¡colgando de una de las paredes que las forman!
Todo esto, el regalo que tu Madre te dio el Día de las Madres,
su amada hija; el deseo realizado de una madre, viéndose a sí misma
reflejada en el espejo de tu amor, filtrándose a través de tus ojos para
perforar la triste perspectiva de este hombre callejero, que acecha, inconsciente de
saber que todo viene de alguna parte,
y que como es con el amor, el dolor siempre es consciente de sus orígenes; y
¡Aquí estoy, reflejado en mi propio misterio, tropezando *contigo!* . . .

Un Elefante gris, con orejitas rosadas, tira su trompa,
al aire desde el estante central, mientras un Perro bronceado se aleja al ver esto—
el único obstáculo que obstruye el paso a los dos: es una Taza de Té pintada, que
bloquea el camino por delante, pero lo más probable es que se haga a un lado, tal vez,
   si se le pide amablemente—
si no fuera por el hecho de estar pegada en el lugar donde está, mientras
Que un Burro está situado en el estante superior y guarda una Vela en su base.
Un Pilón descansa al pie de la pezuña del Burro, mientras un Joven Plateado
vistiendo camisa roja, pantalones verdes y zapatos plateados y brillantes, suena un
Cuerno de plata, y un pavo se asombra, y se hace preguntas
perdido en sus pensamientos al lado de una Copa de igual tamaño. Mientras, contra una
pared hay dos Copas marrones y grandotas, podrían ser para la sopa, observando
silenciosamente. Un Plato domina la pared central, y está pintado de blanco con una
orla de luz morado claro, dos Flores lo diseñan, una de hojas verdes con una cara roja,
la otra morado oscuro está cubierta con ojos amarillos, y estos no más grande que
las simples orbitas de los ojos de un curioso niño. Debajo de este estante está el Elefante
y el Perro, y la hilera de Tazas. Un enorme Jarrón, del mismo tamaño que
el Elefante parece silbar secretos en el fondo;
"Oh, tienes que escuchar el silencio para escucharlos", se entiende. Tres Tazones de
Sopa muy grandes armonizan las melodías con un delicado Plato blanco,
adornado con rosado, y una Flor con cuatro hojas verdes y una rosa para combinar

what appears as its nose, or its heart. A strong-looking brown Woman stands
in a white Apron, striped red and green, among the shadows cast
    of Cups and Saucers,
painted Plates and Vases, offering the phantom contents of another Vase—her dress like
fire, engulfing her. On the bottom shelf, there's this deep blue Swan
swimming in a white Pond, making waves encircled in blue.
Two more Bowls of Soup guard the outer walls, and on the right—
between the Swan and a Bowl—there's a green, glazed Plate
of unknown origin, with splatters of a brown undertone—quite striking.
The bottom shelf is jammed packed, looks like a subway platform from N.Y.C.,
only somehow tropical still. A strange brown Guy—looks like a Bear, but
I'm not sure, has pink ears and a black nose, chest and forehead painted white,
to be seen, and he's got a long tail, could be a Dog, stands beside this huge
grey rock-Kettle, which stands on four little, sturdy feet of its own.
A tin Clothing Iron sails across the platform, and comes upon
a tall and slim White Bird, perched on the green pedestal of a Rock
talking wildly with a small, black-spotted, red Minor Bird
with a yellow beak and a swift, black tail, dashed with a flash of white.
Then there's this Vaquero Guy, who rides a huge, black Horse and kicks her up
on her high hind heels, as if shooting off through the Midnight night
with his mean, red Sombrero and his hair in the air of the wind! *Ay!* . . .
How delicately can I hold this world, without disturbing it?
Let not my hands then be clumsy ambassadors of my soft Soul.
    "Al moverlo, por pretejerlo, le rompí la oreja de la taza—
      ¡La agarré muy mal! ¡Con mucha fuerza!
        ¡Era Bruto! Discúlpeme."

con lo que parece ser su nariz, o su corazón. Una mujer morena de aspecto fuerte
con un Delantal blanco, con rayas rojas y verdes, esta parada entre las sombras
    de las Tazas y Platillos,
Platos y Jarrones pintados, ofrece el contenido fantasmagórico de otro Jarrón—
mientras su vestido como el fuego, la envuelve. En el estante inferior, está este Cisne azul
oscuro nadando en un Estanque blanco, creando olas envueltas de azul.
Dos Tazones más de Sopa protegen las paredes exteriores y, a la derecha—
entre el Cisne y el Tazón— hay un Plato verde y esmaltado
de origen desconocido, con salpicaduras de un matiz marrón, bastante llamativo.
El estante inferior está repleto, parece una plataforma del metro de N.Y.C.,
solo que con un toque tropical. Un tipo extraño y marrón—que se parece a un Oso,
pero no estoy seguro, tiene orejas rosadas y nariz negra, pecho y frente pintados de
Blanco, para ser visto, y tiene una cola larga, podría ser un Perro, está al lado de esta
enorme Caldera de roca gris, parado sobre sus cuatro pequeñas patas fuertes.
Una Plancha de hojalata navega por la plataforma, y se encuentra con
un Pájaro Blanco alto y delgado, encaramado en el pedestal verde de una Roca
hablando salvajemente con un pequeño pájaro rojo con manchas negras,
pico amarillo y una ligera cola negra, puntiaguda con un destello blanco.
¡Luego está este Joven Vaquero, que monta un enorme Caballo negro y lo sacude
con sus patas traseras, como si saliera disparado a través de la medianoche de la noche
con su miserable sombrero rojo y su cabello volando en el aire del viento! ¡Ay!...
¿Cuán delicadamente puedo sostener este mundo sin perturbarlo?
No dejes que mis manos se conviertan en torpes embajadores de mi Alma suave.
   "¡Al moverlo, por protegerlo, le rompí la oreja de la taza—
     ¡La agarré muy mal! ¡Con mucha fuerza!
      ¡Era Bruto! Discúlpeme!"

THe FLOWering oF MeMorieS

[for Susannah Foster and Doctor Willie Pietri]

If some nice person
Were to be walking by the front of my house
and would pick a flower from the breasts
of my small garden,
I would notice every single one that would be missing.
I would be able to notice their long necks broken
and their juices gathered up at the tips of their wounds
like teardrops, brightly as fresh bleeding blood.
O All the surviving flowers would turn their heads
in dread, crying soft petals on the faces of the grass.
All the bees of the Universe would pass by with their grief;
The wind would blow sadly the memory of their smells
As butterflies would go in a hurry
                              fluttering
                                    the sad news to their friends...
Just like—
            Quite Suddenly,
                    One lonely, long and lonesome night
                        on which you've
                                    tossed&turned
                        inside your head
                                    —*Fearing!*
      That in a dream—Just Now
                        You felt
            Someone You Love   is far
                                    thus, they may be *Dead*...
In the Great Distance of your late mother's love;
Across the Vast Field where your father's past would call,
Rippling wide, and wider a wave forever
    fading in a pond,
where you once so merrily played your youth away—
O, All the kisses and the pretty girls' faces now gone
In the utter restlessness that transforms midnight to dawn,
You see *the Shadows* passing by,
                        "Goodbye!...
                                    from Earth, to the Sky
                        To be with their God.

El Florecimiento de los recuerdos

[para Susannah Foster y el doctor Willie Pietri]

Si alguna buena persona
Estuviera caminando por el frente de mi casa
y arrancara una flor del corazón
de mi pequeño jardín,
Me daría cuenta de cada uno de las que faltaran.
Podría notar sus largos cuellos rotos
y la savia que se acumula alrededor de sus heridas
como lágrimas, brillando como sangre fresca.
Oh Todas las flores sobrevivientes girarían sus cabezas
con pavor, llorando suaves pétalos en la superficie de la hierba.
Todas las abejas del Universo se alejarían con su dolor;
El viento soplaría tristemente el recuerdo de sus olores
Mientras las mariposas se irían a toda prisa
                              esparciendo
                                   la triste noticia a sus amigos…
Exactamente igual que—
                    Inesperadamente,
                         Una noche desierta, larga y solitaria
                              en la que
                                   terevuelvesyteretuerces
                              dentro de tu cabeza
                                        —¡Temes!
     Que en un sueño   Justo ahora
                              Sintieses
               Que alguien a quien amas   está lejos
                                   así que pues, podría estar muerto…
En la Gran Distancia del amor de tu difunta madre;
Al otro lado del Inmenso Campo donde llamaría el pasado de tu padre,
Ondulando ampliamente, una ola más ancha se desvanecería
     para siempre en el estanque
donde una vez jugaste alegremente con tu ya ida juventud —
Oh, todos los besos y los rostros de las niñas lindas ya se han ido
En la total inquietud que transforma la medianoche en el amanecer,
Mira las Sombras que pasan,
          "¡Adiós!…
                    de la Tierra al Cielo
                    Para estar con su Dios.

ReaSoNS Foɾ Leavɪng ᴛHe BeacH

We should make Love
                    sometime this Night
          Because we've been
                          to the beach
                                    This Day.
And the Waves—
                    They
              threw us all around
                        like the little nothings
                                    we so profoundly are,
                          compared to the Wonder
                                          which exists
                          among the Stars,
                                      of which we are a part
                                                    —More so
                          when we open our hearts.
And the Water
              pulled up your blouse,
                                & i
          lost the pants
                    that i wore
          as we went to the shore,
                          to go bathe
              in the might of the waves—
                                    into the Night
                                          of this Day
O YES!!!
          The Ocean did indeed desire
                                to see us both on fire;
              To smell us naked
                        this Night
                              in the sweat of the Sea—
          Yet, we fought with our lips
                        to resist the bliss of this kiss.

Now, Somewhere
          in some darkness;
                          Now, Somewhere
                                in some light mist—

Razones para dejar la playa

Deberíamos hacer el Amor
                en algún momento esta Noche
      Porque hemos estado
           en la playa
                Este Día.
Y las Olas—
        Nos
      salpicaron por todas partes
           como la nada insignificante
                que tan profundamente somos,
           comparada a la Maravilla
                que existe
           entre las Estrellas,
                de las cuales somos parte
                    —Aun más
           cuando abrimos nuestros corazones.
Y el Agua
      levantó tu blusa
           y yo
    perdí los pantalones
        que llevaba
    cuando fuimos a la orilla,
           a bañarnos
    en el poderío de las olas—
                entrada la Noche
                  de este Día
¡¡¡OH SÍ!!!
      El Océano realmente deseaba
              vernos a los dos ardiendo en llamas;
      Para olernos desnudos
           esta Noche
           en el sudor del Mar—
    Sin embargo, peleamos con nuestros labios
              para resistir la dicha de este beso.

Ahora en Algún Lugar
      en alguna oscuridad;
           Ahora en Algún Lugar
              en la bruma ligera—

We must walk in the chosen accord of the night,
    along the long walls where our shadows lean long
        through the lonely corridors, of unknown forgotten lore
        forever to seek blindly the kiss that it missed
                                        —The Bliss!

    Other lovers crave
            with their breath sounding
                        like the breaking
                                    of Waves!

Debemos caminar según el acuerdo escogido esta noche,
   a lo largo de los largos muros donde nuestras sombras se inclinan alargadas
   a través de los pasillos solitarios, de la tradición desconocida y olvidada
      para siempre buscar a ciegas el beso perdido
                              —¡La dicha!
   Que otros amantes imploran
            con el sonido de su aliento
                     tal y como si fuera el pleamar
                              de las Olas!

Poem About a Woman

The human fragility
                    of a woman
    hunched over, now
        bent on drugs
                    & life, & loves
                            gone by...
On the morning
    rush-hour train
                to work;

All the workers; all New Yorkers
    on their ways
            to their various days;
        About their chores,
            their businesses, which
            keep them busy,
                        all ignore
The hunched over woman
        who takes up more than
    one seat, though
            her body's mass could
                        suffice with less.
Hunched over
        spread across her seats
    She sleeps,
                perchance dreaming
        of the by-gone years;
                        Memory
            as painful as the Sun
            before the waking eye...

The passengers move away
                        as a sea a sway
        from the stench
                & sore upon the eyes
    This modern maiden emanates;
Her shopping bags
    all strewn on the seat
                        & floor,
    Her parasol, drawing a

Poema Sobre Una Mujer

La humana fragilidad
                de una mujer
    encorvada, ahora
        seducida por las drogas
                la vida y los amores
                        pasajeros...
En la hora pico del tren
        en la mañana
                para ir a trabajar;

Todos los obreros; todos los Neoyorquinos
        en su camino
                a sus diversos días;
        Atentos a sus quehaceres,
            a sus negocios, que
            los mantienen ocupados,
                            todos ignoran
    A la mujer encorvada
        que ocupa más de
    un asiento, aunque
            la masa de su cuerpo podría
                    ocupar mucho menos.
Encorvada
    extendida sobre los asientos
    Ella duerme,
            tal vez soñando
        con los años del ayer;
                        Memoria
        tan dolorosa como el Sol
            cuando pega en el ojo recién abierto...

Los pasajeros se alejan
                    como el vaivén del mar
        del hedor
            y el espanto que irradia
    Esta doncella moderna ante los ojos del que la ve;
Sus bolsas de compras
    esparcidas en el asiento
                    y en el piso,
    Su sombrilla, dibuja una

line in the invisible
   sand, between them
             & you...

No one says a word,
   though they all look
         in silent awe;
Yes, it's harder
   looking at a woman
         that way;
     this way...

What Life has dealt her;
Or she fell victim
     to her own faults.

...They each take their turn
    to shake & turn
         their heads
    with nothing
      said.

...Private, pensive, quiet
         Thoughts
  racing through their minds'
     comfort disturbed,
And how absurd
  that this could be anyone
         toDay,
 This Morning
     it's
    this hunched
        over
    chick.

línea en la invisible
arena, entre ellos
           y tú...

Nadie dice ni una palabra,
  aunque todos miran
          en asombro silencioso;
Sí, es muy doloroso
  ver a una mujer
      de esa manera;
     así, de esta manera...

Lo que la vida le designó;
O acaso cayó víctima
     de sus propias fallas.

... Cada uno toma su turno
  girando y volteando
        sus cabezas
  sin decir
    palabra.

...Reservados, pensativos, tranquilos
        Pensamientos
  corren por sus mentes
     perturbando el confort,
Y que absurdo
  que ésta podría ser cualquiera
        HoyDía,
Esta Mañana
     es
      esta
       mujer
      encorvada.

Pieces

it was 2 days
ago (
     i can still
     remember

)
that i wished to You
              a Happy
annivers
ery.

you drank your coffee, holding it
with both hands

without looking up.

pedazos

fue hace
2 días (
     todavía puedo
     recordar

)
que te desé
       un Feliz
aniversa
rio.

bebiste tu café, sosteniendo la taza
con ambas manos

sin levantar la vista.

Some Women Whom I Know

Do Women
    know
        instinctively
    Just how
      to recline
        in a dark alley,
                between
     garbagecans, &
             broken
          bottles
       among
           old newspapers
                  wet
            matresses;
               WHEN!!!...
    They are thrown—There
           by Their
              Rapists!...
                   in another moment
          Their
             Murderers!!!
       The Abductors of
           Their Human Liberty,
       Invaders of
          Their
            Spiritual Dignity!
                 ...grabbing
             the Souls
    of their bodily
        exISTence
       from out of a Night
             , a Moment before
                pure Mystery
                   ...Strange
            , all unfamiliar
          in innocent
               unCertainty
        in the performance
            of a crime!

ALGUNAS MUJERES QUE CONOZCO

Saben
> las Mujeres
>> instintivamente
>> cómo Simplemente
>> reclinarse
>>> en un callejón oscuro,
>>>>> entre
>>>> botes de basura, y
>>>>>> botellas
>>>>> rotas
>>>> entre
>>>>> periódicos viejos
>>>>>>> colchones
>>>>>> mojados;
>>>>>>> *¡¡¡CUANDO!!!...*

> Son tiradas—Allí
>> por Sus
>>> ¡Violadores!...
>>>>> en otro momento
>>>> Sus
>>>> *¡¡¡Asesinos!!!*
>>> Los Secuestradores de
>>>> Su Libertad Humana,
>>> Los Invasores de
>>>> Su
>>>> *¡Dignidad Espiritual!*
>>>>>> ...atrapando
>>>> las Almas
>> de su existencia
>>> corPORal
>>> por una Noche
>>>> , un Momento antes
>>>>> del puro Misterio
>>>>>> ...Extraño
>>>>> , inesperado
>>>>> en la inocente
>>>>>> inCertidumbre
>>>>> en la realización
>>>>>> de un crimen!

I know *Women*
          who get slapped across
     their rouged faces
               by the rough hands
                         oF men
                    who embrace
                         theM
                              —boyFriends
                    who abuse
                         their Friendship
                              —BeCause!...

     They are
          the better fighters—
                    eXercising
               the deXterity
               of fleXing
                    a Muscle
                    aCross
                    a supple Cheek
                              —even, If
                              a/Gainst
                    with whom they
                              sleep
                              , so comfortably
                    s   t   re   tc   h   e   d
          across the beds
                    where they lay
                              their heads
                                   , to Dream
               their,
          separate
          dreams,
                    Where
                    they EscapE ...
                              ...& then AwAkE,
                                   FrIghTenED!
                              by their fate!...

My Friends,
     These Women, whom
               I've come to know
                    ...Go

Conozco las *Mujeres*
                    que son abofeteadas
            en sus caras enrojecidas
                        por las manos ásperas
                                dE hombres
                            que
                                las abrazan
                                            —novios
                                que abusan
                                        de su Confianza
                                                —¡PorQue!...

        Son
            las mejores luchadoras—
                        que eJercitan
                    la eXperiencia
                    de fleXionar
                            un Músculo
                            através de
                            una Mejilla suave
                                            —incluso Si
                                            están contra/Cerca
                                    de quien
                                        duerme
                                            , tan cómodamente
                            e   s   ti   r   a   d   o
                    de un lado al otro de las camas
                            donde posan
                                        sus cabezas
                                            , para Soñar
                        sus,
                        suoños
                    separados,
                                A donde
                                EscapaN...
                                        ...y luego dEspiErtAN
                                            ¡AsUsTaDAS!
                                    por su destino! ...

    Mis amigas,
            Estas mujeres, a quienes
                    He llegado a conocer
                            ...Regresan

bacK
　　　to their Lovers;
　　　　　　　　　Some
　　　　　　　　　with wounds
　　　　　　　　　　　　unfulLy healed;
　　　　　　　Some
　　　　　　　with scars
　　　　　　　　　not yeT revealed.
　　　　　　　　　　　　　...Always
　　　a DifFerent
　　　　　　woMan
　　　　　　　　goes
　　　　　　　　　, packs up her things
　　　　　　　　　　　　　& Goes
　　　　　　　　, unKnowing
　　　　　　　　　　whY
　　　　　　　　　　　Tears
　　　　　　　　　　　　fill her eyes...
eXcept,
　　　for Love,
　　　　　she goes...
　　　　　　　...to The Man
　　　　　　　　, Who loves her so!

coN
   sus Amantes;
           Algunas
             con heridas
                   aún abiertas;
           Algunas
             con cicatrices
                aún NO reveladas.
                       …Siempre
        una NueVa
        HeMBRa
           va
            , empaca sus cosas
                  y se Marcha
           sin Saber
                por quÉ
                  Las Lágrimas
                    llenan sus ojos…
eXcepto,
     por Amor,
       ella vuelve…
           … Al Hombre
             , ¡Que así la ama!

In Memory of Love

It rained today
And the wetness came
to touch my window,
And race
to where the glass
meets the frame,
And the coldness
                    entered,
And I saw your face.

En memoria del amor

Hoy llovió
Y vino la humedad
a tocar mi ventana,
Y corrió
hacia donde el vidrio
se une con el marco,
Y la frialdad
        entró,
Y vi tu cara.

Leaving

The storm came.
  We had expected it
        soon enough,
            between our
      love,
   We had already felt
        the tremor
        of its warnings

(We were children,   once.
  We used to watch the raindrops   rac
               ing
                down
           our window
             panes,
               with laughter)
 , but we were children
        in
       two
   different worlds,   a part

And now this storm had come,
        into,&   between
    the tenuousness of our bond,
  And that became the very first time
        that *i* needed
         to be *with you,* truly
   it was (
     more than the wanting)

        , the first time
          that i needed your touch,
              only
       your touch . . .
But you walked out,
  To meet *the wind*
     & the rain
      / intotjheStorm
  without me.

Te vas

Llegó la tormenta.
  Sabíamos que llegaría
          en cualquier momento,
                    por entre medio de nuestro
              amor,
    Ya habíamos sentido
            el temblor
              de sus advertencias

(Fuimos niños,   una vez.
    Solíamos ver las gotas de lluvia   ca
                          er
                            por
          los cristales
                  de nuestras ventanas,
                    con regocijo)
  , pero éramos niños
            en
              dos
      mundos diferentes,   separados

Y ahora esta tormenta había llegado,
                en,y   entre
        la fragilidad de nuestro vínculo,
  Convirtiéndose en la primera vez
                  que yo necesitara
                    estar *contigo,* de verdad
      era (
          más que el deseo)

                , la primera vez
                  que necesité tu roce,
                        solamente
        tu roce...
Pero te fuiste,
  A enfrentar *al viento*
        y la lluvia
                / *enla*Tormenta
      sin mí.

The Death of Love

The Moon is a broken heart,
                    This Night!
    Where once, so full the Moon
                    , the Moon
                        is a broken heart.
"My Life, Now...!"
                Understands
                    the empty pain   of Hurt!

The Spirit of
        the Death of Love
                    Rises
                        to align itself
        with breezes of the Wind
                    and, in this air
                            To Speak
                                in Tongues

        with crowds of clouds
        of a Memory of Love
                        between   2/people
            Who, on this Earth
                    did give birth
                        to a semblance
                            of their mirth!
Who, once
        When they were mesmerized
            by the magic in
                        each other's *OceanEyes*
            did attempt to memorize
            all the colors that make up
                        the vast, open skies
Who, there
        Discovered themselves
                    beside
                        themSelves
                            , lost
                dwelling within
                        their
                            own
                    deep shells

La Muerte del Amor

¡La Luna es un corazón roto,
                    Esta Noche!
    Donde una vez, tan llena la Luna
                        , la Luna
                            Es un corazón roto.
"¡Mi vida, ahora…!"
                    Entiende
                        ¡El dolor vacío   de la Pena!

El Espíritu de
        la Muerte del Amor
                    Se Levanta
                        para alinearse
        con las brisas del Viento
                    y, en el aire
                            Hablar
                            en Lenguas
        con multitudes de nubes
            sobre un Recuerdo del Amor
                        entre   2/personas
            ¡Quienes, en esta tierra
                        alumbraron
                            la apariencia
                            de su alegría!
Quienes, una vez
        Cuando estaban hipnotizados
            por la magia de los
                OjosOceánicos del otro
            intentaron memorizar
                todos los colores que componen
                            los vastos, cielos abiertos
Quienes, ahí
        Se descubrieron
                    fuera de
                        síMísmos
                            , perdidos
                    morando dentro
                            de sus
                                propias
                    conchas profundas

Who, found
        ThemSelves
                floating frantically
                        into each
                                other's
                                arms
                                        , desiring
                        the charms
                                of Love
                                        , And
                having had Love
                        fulFilled
                                        —What aThrill!!!
                (For What was it?
                That Men Kill?!)
                                        —But,
                        Then failed!
                                in Love
                                        , in Love
                                                having Had
                                                        Found
                                                                , Failed!

O How, That Now!
                Somehow?
                        , so out of love
                                        &
                torn a/p/ar/t
                        between 2/worlds
                                2/people (
                                                disillusioned)
                                in one world
                                                between
                        the shadows of another world
                                        in this world,
                        Amounting to
                        Nothing more, or less
                                than a simple boy, simply without a girl
                                                        , Each

        to walk

Quienes, se encontraron
        a síMísmos
                flotando frenéticamente
                        en los
                                brazos
                                        del otro
                                                , deseando
                        los encantos
                                del Amor
                                        , Y
                habiendo tenido el Amor
                                enTero
                                        —¡¡¡Qué Conmoción!!!
                        (¿Para qué?
                los hombres matan?!)
                                        —Pero,
                        ¡Entonces fallaron!
                                en el Amor
                                        , en el Amor
                                                que Habían
                                                        Encontrado
                                                , ¡Fracasaron!

¡Oh ¿Cómo, Ahora!
        De Algún Modo?
                        , sin amor
                                y
        di/vi/di/dos
                entre 2/mundos
                        2/personas (
                                        desilusionadas)
                        en un mundo
                                        entre
                        las sombras de otro mundo
                                en este mundo,
                Llegan a ser
                Nada más, o menos
                        que un simple niño, simplemente sin una niña
                                        , Cada uno
        caminando

so all alone
  so all along
    a lonesome world
          beneath the dying
              of the fullness
                  of the
                    Moon!

O Love!
O Love *May Be Gone*
      , But The Moon Will Not Go!

The Moon
    , which brought this Love
        like a flower will return
            , though Lovers turn
              their soft, rouge cheeks
                with nothing learned!
Against the darkness
      of this solitary sky
The Moon
    , as I
      is a broken heart
          This Night!

tan solo
  a todo lo largo
    de un mundo solitario
       bajo la muerte
         de la plenitud
           de la
            ¡Luna!

¡Ay Amor!
Ay el *Amor Puede Irse*
    , *¡Pero La Luna No Se Irá!*

La Luna
  , que trajo este Amor
    volverá como una flor
       , aunque los Amantes volteen
      sus suaves mejillas rojas
        con nada aprendido!

Sobre la oscuridad
    de este cielo solitario
La luna
  , como yo
    es un corazón roto
      ¡Esta Noche!

THe ANSWer

I called out
    into the darkness;
"Love,
    Oh, love
Fall into my arms."

And Love
        came out of the darkness,
And fell into my arms:
                    Dead.

La respuesta

Llamé
    en la oscuridad;
"Amor,
    Ay amor
Cae en mis brazos".

Y el Amor
        salió de la oscuridad
Y cayó en mis brazos:
                Muerto.

My Woman's Left Me

I am crying...
My eyes are wet with
my own tears
Their wells are pouring
down my face
Rivers on my cheeks
of pain
where they slide and fall
and I can taste their saltiness;
My heart is broken
that's why I'm crying,
Because of a girl; a Woman
whom I loved madly
She left me with this broken heart
to carry throughout my life,
instead the roses
that I once kissed to her
I feel like the end
of the world
is here:
I cannot see beyond
the darkness of this day;
Friends, Dear friends
say, Someday
I'll get over it;
the pain
the hurt
the broken-heartedness
the sense of Great Betrayal!

On Television
I see a little boy
sitting in the sand
in some distant land,
crying,
His tears are
the same as mine, though
His stomach is much larger
than his head
& His eyes

Me dejó Mi Mujer

Estoy llorando…
Tengo los ojos mojados con
mis propias lágrimas
Sus pozos se derraman
por mi cara
Ríos de dolor
se deslizan y caen
en mis mejillas
y puedo sentir su sabor salado;
Mi corazón está roto
y por eso estoy llorando,
Por una joven; Mujer
a quien amaba locamente
y me dejó con este corazón roto
para cargarlo a lo largo de mi vida,
en lugar de las rosas
como las que una vez besé para ella
Siento que el final
del mundo
está aquí:
No puedo ver más allá
de la oscuridad de este día;
Amigos, mis amigos queridos
dicen, Algún día
Lo superaré;
el dolor
la herida
el corazón roto
¡el sentido de Gran Traición!

En El Televisor
Veo un pequeño niño
sentado en la arena
en alguna tierra lejana,
llorando,
Sus lágrimas son
como las mías pero
Su estómago es mucho más grande
que su cabeza
y Sus ojos

bigger than marbles;
His skin is so tightly wrapped
around himself
till you could see his bones
protruding through it;
I think he's going
to die
any day now.

más grande que las canicas;
Su piel lo envuelve
tan apretadamente
que hasta pueden vérsele sus huesos
sobresaliéndoles a través de la piel;
Creo que
morirá
en cualquier momento.

Soliloquy

What cloud
   in another space is your Earth
To walk now,
         My gone lover,
          Tender sleeper of my heart?

Whose lips are yours to suck its juices now?
What air do you kiss, where mine is not
This evening of our love's absence?
Tell me;
      Is she an image
       of our love's own shadow?

O, That this sky is vast,
With its many roads that lead
To nowhere,
      that I am lost
       in the madness of that night
     Where we knew love.

And you are gone.

Perhaps a flower,
  A broken glass,
    Or a flying star
     is the color of your eyes
              Today.
You have given me
        The End of Stars
For my search;
You have given me all that,
        And the spaces
          beyond.

SOLILOQUIO

¿Qué nube
   en otro espacio será tu Tierra
Para caminar ahora,
         Mi amante ausente,
           Tierna durmiente de mi corazón?

¿Quién saborea el jugo de tus labios ahora?
¿Qué aire besas, donde no está el mío
Esta noche ausente de nuestro amor?
Dime;
    ¿Es una imagen
      de la propia sombra de nuestro amor?

Oh, que este cielo es inmenso,
Con sus numerosos caminos que conducen
A ningún lugar,
      que estoy perdido
        en la locura de esa noche
      Donde conocimos el amor.

Y te has ido.

Tal vez una flor,
   Un vaso roto,
     O una estrella fugaz
      es el color de tus ojos
              Hoy.
Tú me has dado
        El Fin de las Estrellas
Para mi búsqueda;
Me has dado todo eso
        Y los espacios
          más allá.

Leaving Home, Sweet Home

You, Wake Up!
           in the early morning
             with your mouth, tasting
     like the stale memory
         of all day yesterday;
Your Body is full of that deep down pain
              in all your muscles & bones
     like they haven't slept in all your life,
                  They
                   wishing to be BornAgain,
                         into another body
               to get a good night's sleep.
You Yawn & Stretch
        on your very own,
               personalized
             by your humanbody smell,
                       ParkBenchSofaBed
   splashing last week's yellow newspapers
             all over the sidewalk(
                   Forcing pedestrians
                 to be confronted
                            with
                the News
              conVerted
          into cartoons on the Tube)
  & spitting in the street
        a heavy green glob
           of disgust & blood
   As you see the multitude of pigeons
               waiTing
                 to eat you alive,
  Pruning their nails on the rails,
                Should you privately decide
    To give it all up in public
           by a bus/stop & a garbage can;
Seeing All the People of the World
       going as Mad as they can
       to make the Earth spin on its Axis:
  To see if they can *Change the Daily Weather*
               Report, or

Dejando el Hogar, dulce Hogar

¡Oye, Despierta!
          en la temprana mañana
            con el sabor rancio en la boca
   del recuerdo
           del día de ayer;
Tu Cuerpo lleno de ese profundo dolor
              en tus músculos y huesos
    como si no hubieran dormido en toda su vida,
                  Ellos
                  deseando *ReNacer,*
                      en otro cuerpo
             para poder dormir bien toda la noche.
Bostezas y te Estiras
         a tu propia forma,
             personalizada
           por el olor de tu cuerpohumano,
              Al Sofá CamaBancodelParque
   con los diarios amarillos de la semana pasada volando
             por toda la acera(
                Obligando a los peatones
                 a enfrentarse
                        con
              las Noticias
              conVertidas
       en dibujos animados en el Televisor)
y escupes en la calle
          una espesa mancha verde
            de asco y sangre
     Mientras observas la multitud de palomas
              esperAndo
              comerte vivo,
    Afilando sus uñas en los rieles,
              Deberías decidir en privado
      Dejarlo todo frente a todos
           en la parada del bus o en un bote de basura;
Mientras observas a Todas las Personas del Mundo
            volviéndose tan Locos como puedan
            para hacer girar la Tierra sobre su Eje:
   Para ver si pueden *Cambiar el Informe Diario*
            del Clima,o

Stop the BigBomb
from falling on their homes(
O, Perhaps upon their Neighbor's
—But leave theirs alone)...
O, To Control
the flow of flowers growing in each other's gardens.
You Brush your eyes with the sand of your hands
anD see *The Whole Sky*
for the very first time
in your whole life, once more
, still lost
in the realm of your life—
You Don't Decide,
You just break down
& cry.

It was late last night,
A very long night ago
When Your Dear Wife threw you out to the cold
, To go
with your Friends & the Dogs
& the howling the Moon
makes
when it's sad
& alone
to confuse the dark of the Night with the Broadlight
of High Noon;
She Just didn't love you no more,
Her love for you was all gone
No longer was *it You*
who made her young heart dance,
Her laughter
prance
above the air;
She Accused you of being a brute
—Not thinking it cute
How you failed to make her dreams come true,
For whatever her reason
she threw you OUT
with a shOUT
You'll spend the rest of your life
trying to figure it out,

Detener el BigBomb

para que no explote sobre sus casas (

Oh, que Tal vez caiga sobre la del Vecino

—Pero que deje la tuya sola)...

Oh, para Controlar

el flujo de las flores que crecen en los jardines de los demás.

Cepillas tus ojos con la arena de tus manos

y veS El Cielo Entero

por vez primera

en toda tu vida, una vez más

, todavía perdido

en el reino de tu vida—

No Decides,

Simplemente te derrumbas

y lloras.

Era tarde anoche

Una noche interminable

Cuando Tu Querida Esposa te arrojó al frío

, para Ir

con tus Amigos y los Perros

y el aullido que la Luna

hace

cuando está triste

y sola

para confundir la oscuridad de la Noche con la Luz

del Medio Día;

Ella Simplemente ya no te amaba,

Su amor por ti se fue

Ya no eres Tú

quien hace bailar a su joven corazón,

ni Su risa

pavonearse

por encima del aire;

Te Acusó de ser un bruto

—No creo que haya sido sabio

el haber fallado en hacer sus sueños realidad,

Por cualquiera que sea su razón

te echó a laCALLE

con un solo GRITO

Pasarás el resto de tu vida

tratando de averiguar el por qué,

                                        Forever
        sorting out your bags, ticket stubs
                        from trains&buses
                                        gone past,
                #'s of phones, Names
                        misplaced of their homes;
                little notes on bits of papers,
                                paperclips, rubberbands
                                                & coins...
To do the laundry *"Just Right"*
                /se /p /ar/ at/ e
                        the darks
                from the whites;
    To tolerate burning
                your fingers at the tip of the stove,
                                watching cold water
                come to a serious boil;
To answer your own telephone calls,
    To have to change the channels on the T.V.
                                all by
                                        yourself,
                        to please only yourself
                only to find
                        laughter between the spa   c es
                from
                        CUMMercial
                toCUMMercial
                CUMing out
                                from the walls
                                that nOOne sees
                                        till his soul
                                        starts to bleed...

You will never forget,
                You will always remember
    As you live to regret
                How you failed Love(
                                How Love failed You)!
And All of this hurts so damned much
    You can never explain it to the credit card creditors
                                        who, Still
        follow you in the shadows where you lurk in your sleep,
                                or to the police

100   ♟   Jesús Papoleto Meléndez

Por Siempre
estarás ordenando tus maletas, recibos de boletos
de trenes y autobuses
ya pasados,
de teléfonos, Nombres
fuera del lugar de sus direcciones;
pequeñas notas en pedazos de papel,
clips de papel, bandas elásticas
y monedas...
Para lavar la ropa "SolaMente",
se / p / ar /as
los oscuros
de los blancos;
Para tolerar quemarte
tus dedos en la punta de la estufa,
verás cómo el agua fría
llega al punto de ebullición;
Responderás a tus propias llamadas telefónicas,
Cambiarás los canales en la Televisión
todo por
ti mismo,
para complacerte solo a ti mismo
solo para encontrar
la risa entre los espacios
de
un COMErcial
a otroCOMErcial
que viene
de las paredes
que nAAdie ve
hasta que tu alma
comience a sangrar...

Nunca lo olvidarás
Siempre recordarás
Mientras vivas para arrepentirte
Cómo le fallaste al Amor (
¡Cómo te falló el amor a Tí!)
Y Todo esto duele tanto
Nunca se lo podrás explicar a los acreedores de las tarjetas de crédito.
quienes, Aún
te siguen en las sombras donde vigilas mientras duermes,
o a la policía

as you sleep-J-walk throughout the rest of your time,
    They dragging you up from the middle of the street

                          —Accused

    of smelling like every decent person's
                    personal shit,
                          like

     the waste of their dreams,
               as green
               as their spit.

For Now, For Now, Now;
          Today, as is, is Forever!
  And You must walk
   the indecent streets of the world
            wearing your favorite suit
                to the ground
  with your last good tie,
        designer-designed in the stains
             of a frown
  and your best white shirt
        soiled with the dirt
            of blood & tears,
                kicking
  your shadow like a cheap tin can,
          always
            looking for a hand,
                feeling less than a man.

Oh! But the Greatest Sin of All,
        of All is:
  That you lose all the childhood things
       You spent your childhood
             , saving
      for your son-to-be;
          The Memory
  of boats & spinning tops
         bats & balls & baseball cards,
  boyscout knots & whistles & balloons;
          Unuseful things
   O, All the precious things
   You took from your mother's womb
         and moved

mientras cruzas sonámbulo la calle—durante el resto de tu tiempo,
Te arrastrarán desde el medio de la calle

—Acusado

de oler como la mierda personal
de cada persona decente,

como

la basura de sus sueños,
tan verde
como su saliva.

Por Ahora, en Este Momento, Ahora;

¡Hoy, como es, será por Siempre!

Y deberás caminar
por las calles indecentes del mundo
con tu traje favorito
arrastrado por el suelo
con tu última corbata buena,
diseñada por el diseño de las manchas
de una sonrisa amarga
y tu mejor camisa blanca
sucia con la tierra
de sangre y lágrimas,
pateando
tu sombra como si fuera una lata barata,
siempre
buscando una mano,
sintiéndote menos que un hombre.

¡Oh! Pero el Mayor Pecado de Todos,
el Mayor de Todos es:
Que pierdas todas las cosas de la infancia
Que pasaste toda tu infancia
, conservando
para tu futuro hijo;
La Memoria
de botes y trompos,
bates y pelotas y tarjetas de béisbol,
nudos de boyscout y pitos y globos;
cosas Inútiles
Oh, Todas las cosas preciosas
Que sacaste del seno de tu madre
y las mudaste

to your girlfriend's room;
To live happily ever-after
with her,

Only soon after
it didn't work out "so well,"
Discovering

Loving Her & paying Bills
was all part of living in Hell:
Thus,
The Memory of things
thrown
in ragged card
board
boxes,
not tied up too well
& things are lost...

Oh! What The Hell!!!

"Girls Just fall in love with the first crazy guy
who claims to know
All About The World!
as they measure the sky
between
the spaces lost in their eyes,
But haven't the slightest idea
—What's the Meaning of It!
, Nor
of how to find the escape within It!"

So Here...
So Here, We All Live,
Just alive as well
lost, individually
in our own separate hells,
Condemned to these streets
where we walk
like we dwell.

al seno de tu novia;
                    Para vivir feliz por siempre
                              con ella,
      Solo que poco después
                    no funcionó "tan bien",
                                        Decubriendo
           que amarla a Ella *y pagar Deudas*
              fue parte de *vivir en las Tinieblas:*
                                   Así como también,
                              que el Recuerdo de las cosas
                                             arrojadas
                              en cajas irregulares
                                        de cartón,
                              no atadas demasiado bien,
                              están perdidas…

¡Oh! ¡¡¡Que carajo!!!

   "Las Chicas Simplemente se enamoran del primer loco
                              que dice saber
                                   ¡Todo sobre El Mundo!
        mientras miden el cielo
                         entre
                   los espacios perdidos en sus ojos,
      ¡Pero sin tener la menor idea
                    —de *Cuál es el Significado de Nada!*
                                             , ¡Ni
           de cómo encontrar el escape dentro de todo!

Así que…
        Así que Aquí, Todos Vivimos,
                    Simplemente vivimos mientras estamos
                              perdidos, individualmente
              en nuestros propios e individuales infiernos,
                    Condenados a estas calles
                              por donde caminamos
                              como si viviéramos.

Leaving Christopher's Bar, Late

So,
   tonight i walk the streets;
The streets are dead,
They feel no pain.
There is nothing
more
to say (
      Except that

Just before the sun
  came,
      There was
       a cold wind
    went through
        my coat,
          through
    the inner lining too
          inthrough
      my flesh
        and up
      my soul,
     my bones
       chilled
        in weariness,
And there were
  Two old, grown men
       that prayed
     for a friend
       who sat
        in a gutter
         in the sea
      of his tears.)
And me
and
this busdriver,
     we drank rum
  all the way
    crossTown
     to the Bronx.

Saliendo tarde del bar Christopher

Así que,
      esta noche camino por las calles;
Las calles están muertas,
No sienten el dolor.
No hay nada
más
que decir (
      Excepto que

Justo antes de que el sol
  saliera,
      Sopló
        un viento frío
    que pasó por
        mi abrigo,
           por entre
     la capa interior
           através de
        mi carne
          y subió hasta
        mi alma,
      por mis huesos
        enfriados
         en el cansancio,
   Y había
    Dos hombres viejos y decrépitos
        que rezaban
      por un amigo
        que se sentó
         en un desagüe
         en el mar
        de sus lágrimas).
Y yo
y
este conductor de autobús,
        bebimos ron
  por todo el camino
    atravesando
      el Bronx.

CoLd NeSS

It is a long time…
                    The search for a pillow
                     to lay my sleep.

In the glass of the door
                    that separated you
    from the soft touch
       that was the flowers I brought for you,
                                    I saw
                     My sadness reflected.

I could not hear your words!

(I only saw your lips
                     & the fading of your eyes
                      as they lied)

Your house was very cold.

Even after the rain
    there was snow, still
                    on your front door.

Frialdad

Es mucho tiempo...
        La búsqueda de una almohada
                para dormir

En el vidrio de la puerta
                que te separó
    de la suave fragancia
      que tenían las flores que te traje,
                            Vi
                Mi tristeza reflejada.

¡No pude escuchar tus palabras!

(Solo vi tus labios
            y el desvanecimiento de tus ojos
                mientras mentían)

Tu casa estaba helada.

Aún después de la lluvia
    había nieve, todavía
                en la entrada de tu puerta principal.

Bohemian, In Love

I remember a room
  wherein the Sun's light
     would shoot through
          an opened shade
    cast itself upon a wall,
      bounce from sheet to curtain,
              appear again,
                  then fade

Such as it is with age,
  that time goes by, and I
    once here,
       & once gone
         out of my mind;

and peace
  disappeared from the presence
        of my soul on earth.

It was you then,
    who held me when
  my tears appeared as blood
        upon a fossil pillow-shaped

Where once upon a dream was dreamed

And all that now remains
  is the remains
    of waking in the morning

    after sharing love the night before,
              You & I;
    the snuggle & embrace,
     the entanglement of limbs & skin,
      the bare nakedness of the human body;
    the glistening oils of the soul
            expressed,
  in a room
   wherein the Sun's light

BoHeMio, eNaMorado

Recuerdo una alcoba
  en donde la luz del Sol
        penetraba por
            entre una abertura oscura
  arrojándose sobre una pared,
    brincando de sábana a cortina,
          reaparecer,
            y después desvanecer

Tal como pasa con la edad,
    que el tiempo pasa, y yo
      una vez estoy aquí,
         y una vez ido
           fuera de mi mente;

  y la paz
    desapareció de la presencia
        de mi alma en la tierra.

Fuiste tú entonces,
    quien me abrazó cuando
  mis lágrimas aparecieron como sangre
         sobre un fósil en forma de almohada

Donde había una vez un sueño dentro de un sueño

Y todo lo que queda ahora
  son los vestigios
    del despertar en la mañana

    después de compartir el amor la noche antes,
             Tú y Yo;
    acurrucados y abrazados,
     en el enredo de extremidades y piel,
     en la desnudez desnuda del cuerpo humano;
    con los relucientes aceites del alma
          revelados,
  en una alcoba
  en donde la luz del Sol

would shoot itself
through an opened shade
cast upon a wall,
   bounce from sheet to curtain,
appear again,
then fade

, yet stays.

desearía lanzarse
por entre una abertura oscura
arrojarse sobre una pared,
brincar de sábana a cortina,
reaparecer,
y después desaparecer

, sin embargo, se queda.

Spit !

walking the streets...
                    you staRe
                              BLaNKly
       at the patrons
                 through the
                              HUGE
                              WINDOWS
                           Of espresso-cappuccino
                                             Bars
                                        ...you canNot afford
                                                  , a cup
                                                     of coffee
            , although   You have, So Much of Life to Share ...
                                        yOu
                                        dOn't
                                        kNOw nO
                                           bODy
                              NoBoDy, waves!
                                        No! Not One!...
       is friendly
            toward you
                 , you are   Lonesome
                                   , alone
                              : Your life defines this...

                                             ...this

¡ESCUPITAZO!

caminando por las calles...

                miRas

                   con la mirada VAcíA

al patrón

       a través de las

            ENORMES

            VENTANAS

              De las cafeterías

                  de expreso-capuchino

                      ...No te puedes permitir

                          , una taza

                            de café

     , aunque   tienes Mucho de la Vida para Compartir...

                              tÚ

                            nO

                         coNOces

                         a naDIe

                  ¡NaDIe, saluda!

                      ¡No! ¡Ni uno!...

es amigable

     hacia ti

          , eres un   Solitario

               , solo

                  : Tu vida define esto...

                        ...esto

OLd WeSterN SoNg

They play a real, sad, cowboy song
                          on the old juke box—
                                        attached
        to the wall in the public booths;
                          Made strictly for
                                        Lovers, & Travelers
        to be   away from their boxes & bags
                          for awhile...
      Above the salt & pepper shakers,
        & the folded napkins,
          & the soy sauce,
            & the red chili-peppers, so
                          neatly placed upon the table
                                        —To Remind You!
      Just how far away
        You are from your home;
                          And you miss your mother's good cooking so—
                                        How she'd lay
        The big plate out on the table, just especially
                          for you
          with all the rice & the beans, sliding off the sides
                                        'cause
          it's too much for anybody!
                          —But you would eat it all up, anyway
          Because
            You're "The Big Boy Son,"
                          Went off to the glitter
                            of the deep West Coast
                                        To find
                          Your "Fortune & Fame!"
        ...And there's a nice, big, fat, juicy piece of
                          Fried Chicken Thigh
                                        on top of it all!...
          And, someWhere,
                There's a young girl's
                          Face
              lost, floating
                  inbetween the pages of your H.S. yearbook, Who
                Loved you so much way back then,
                          Who,ooo

Antigua canción occidental

Están tocando una verdadera, y triste canción de vaquero
                              en la vieja máquina de discos—
                                                            adherida
        a la pared de la cabina pública;
                              Hecha estrictamente para
                                            Amantes, y Viajeros
        para que   puedan distanciarse de sus cajas y bolsos
                                            por un momento...
        Más allá de los saleros y pimenteros,
            y las servilletas dobladas,
            y la salsa de soja,
            y los chiles rojos, tan
                        cuidadosamente colocados sobre la mesa
                                      —¡Para recordarte!
        Qué tan lejos
          estás de tu hogar;
                    Y cuanto extrañas la buena cocina de tu madre—
                                            Cómo colocaba
          El gran plato sobre la mesa, solo especialmente
                                      para ti
          con todo el arroz y las habichuelas, saliéndose por los lados,
                                            ¡porque
          era demasiado para cualquiera!
                          —Pero aún así te lo comerías todo
                Porque
                  eres "El hijo, Su Pequeño Niño Grande",
                              que se fue tras el brillo
                              de la profunda Costa Oeste
                                      Para encontrar
                              Su "Fama y su Fortuna"
        ... ¡Y tenía un buen trozo, grande, gordo y jugoso de
                              Muslo de Pollo Frito
                                      encima de todo!...
            Y, en algúnLugar,
                  ves la Cara de una niña
                              Perdida,
                flotando
                    porentre las páginas de tu anuario de Escuela Superior, Quien
                te Amó tanto en aquel entonces,
                              Quien,ohhh

Loved you so much way back when,
      And now you're left
        so very much alone
   To Truly Ponder Over
    the Rising Smell of Steam
     from Restaurant-Homemade-Chicken-Soup,
           How,
    She would have made your loving bride!!!

You just love fried chicken,
    Especially Tonight!...
  And especially since
   You've been eating at all the other fine restaurants of wine(
          &smell)
    that skid across the scars of this skid row,
    and they don't know, and they don't care
       none
    about your appetite, or what you like
    or how you want your eggs tonight,
       Just
     your lonely money
       —Not loneliness
    interests them,
      Regardless—
 how broken are
  your precious pennies
   & the lint of
   your Soul,
    buried in your tattered pockets
      with holes...

: EveryThing looks good to you on the menu today
      'cause
 Your wide-eyes are just too young to see
     "These Words
      Are merely Words"
 that they be using
   To say
   Nothing at all
   About what
    "They truly mean."

te Amó tanto en aquel entonces,
Y ahora te has quedado
tan y tan solo
Para Verdaderamente Reflexionar
sobre el Creciente Olor a Vapor
de la Sopa de Pollo del Restaurante-Casero,
¡¡¡Como,
la habría hecho tu amorosa esposa!!!

¡Tú simplemente amas el pollo frito,
Especialmente esta Noche! ...
Y sobre todo porque
Tú has estado comiendo en todos los otros restaurantes finos de vino(
yolor)
que se deslizan a través de las cicatrices de este callejón sospechoso,
y ellos no conocen, y no les importa
nada
sobre tu apetito, o lo que te gusta
o cómo quieres tus huevos esta noche,
Solo
tu solitario dinero
—No les interesa
La soledad,
A pesar de que—
qué tan solitarios estén
tus preciosos centavos
y las hilachas de
tu Alma,
enterradas en tus harapientos bolsillos
con agujeros...

: TodoDetalle se ve bien en el menú de hoy
porque
Tus ojos grandes son demasiado jóvenes para ver
"Estas Palabras
Son simplemente Palabras"
que están usando
para decir
Nada en absoluto
Sobre lo que
"Realmente quieren decir".

...And TheWholeFuckingWorld
                    is Made Up
                        of a Small Group
                              of Very Good Liars!
        YES!!!
            "The Real Meal"
                Will Definitely Be
                    a Different Story!
                              but you'll eat it all up, anyway
                                              because
It's 9 o'clock
    in the deep, dark West Coast,
And all the other sit-down places
    in your part of town
            are closing down
                from the mouth
                        of the tiring day,
    And soon
            You'll have no other choice
                                  , but
        To eat standing up
            on the tip of your toes
                        at one of those
                            storefront counter joints
                            with ketchup stains
                                & greasy, fingerprinted
                                    napkin-less containers,
                                              Although
    All you only, really, just want to do is
                                  sit down & eat,
                                  & pretend in peace(
        O, all those faces that you see
            are not the Alley Cats they don't pretend to be!)

O! To Be Home!
            To be at Home!...
                        Among the scattered,
                                  smiling faces
    of the members of your family, who
        you remember so well from the photographs
            of a lovely dream,
                    Recurring, though
                        you once had
                            as a child.

120   &   Jesús Papoleto Meléndez

...¡Y TodoEl MalditoMundo
está formado
por un Pequeño Grupo
de Muy Buenos Mentirosos!
¡¡¡SÍ!!!
"¡La Verdadera Comida"
Será Definitivamente
una Historia Diferente!
pero te comerás todo, de todos modos
porque

son las 9 en punto
en la profunda, y oscura Costa Oeste,
Y todos los otros lugares donde puedas sentarte a comer,
en tu área
están por cerrarse
a la boca
del día agotador,
Y pronto
No tendrás otra opción
, que

Comer parado
sobre la punta de los dedos de tus pies
en uno de esos
escaparates sobre el mostrador
con manchas de kétchup,
huellas grasientas,
y recipientes sin servilletas,
Aunque

Todo lo que realmente quisieras hacer es
sentarte y comer,
y pretender en paz (

¡Oh, todas esas caras que ves
no son los Gatos Callejeros que no pretenden ser!)

¡Oh! ¡Estar en casa!
¡Estar en casa!...
Entre los diseminados
y sonrientes rostros
de los miembros de tu familia, a quienes
recuerdas perfectamente bien por las vívidas imágenes
de un sueño encantador,
Recurrente, que
una vez tuviste
cuando eras niño.

But Tonight! — TONIGHT!!!
   You don't know NoBody
      whose house you could go up to
                   & grub
                    a decent meal to eat,
And you ain't dining outside,
    with no girl to impress—
                hoping perhaps
     to pass your hand
       tenderly beneath her dress,
             And Make It
                 HARD!

      on the poor waiter,
            Who
     is just
        one
     nasty customer away
            from being
      exactly in your place,
              Say, *"iF*
The spoons are all-spotted, or
there's a hair in your greasy glass of water, Mister!"

Yes, You Are So Alone,
             You are so alone—
   Only the Moon's
       far-away face
            iS your friend
           & your dog,
   And you can talk too!

So, You'll eat it all!
   And may as well, enjoy it all,
 Savoring the mouthwatering memory
   of made-at-home *delicious food,*
              Like—
   When your hair was curly,
     And the skies in your eyes were blue—
 O, Save The Memory!
   For *if & when* they pass around
             The Seconds.

¡Pero esta noche!—¡¡¡ESTA NOCHE!!!
No conoces a NingunaPersona
a quien cuya casa pudieras ir
y deborar
una cena decente por comida,
y no estar cenando afuera,
sin una mujer a quien impresionar—
deseando al menos
pasar tu mano
tiernamente debajo de su vestido,
y Hacérselo
¡FUERTE!
al pobre camarero,
Quien
está solamente
a un
desagradable cliente más
para estar
exactamente en su lugar,
si dice, por ejemplo
*"¡Las cucharas están manchadas, o
hay un pelo en su grasiento vaso de agua, Señor!"*

Sí, estás tan solo,
Estás tán solo—
Solo la cara lejana
de la luna
eS tu amiga
& tu perro,
¡Y puedes hablarle también!

Entonces, Te lo comerás todo
Y tal vez, podrías disfrutarlo todo,
Saboreando el delicioso recuerdo
de la *deliciosa comida* hecha en casa,
Como—
Cuando tu cabello estaba rizado,
y los cielos en tus ojos eran azules—
¡Oh, guarda los recuerdos!
Por si pasan y cuando pasen cerca
Por Segunda Vez.

Words of The Morning

It is large spaces,   the distances
                                    between
        One bed,
                    and another.

In the mornings,
                    You have soft words
                                    for me.
        And then we kiss,
            And our bodies move   once more
                                        to dance.

When the sun comes above our heads,
                                        again
                            tomorrow,
        We have our separate ways
                            to go:
        You,
            to your troubles;
        And I
            to the ones that are mine.

I love that woman.
I am not in love with her.

PaLabraS dE La MaÑaNa

Son grandes espacios,   las distancias
                                                entre
    Una cama,
                    y otra.

En las mañanas,
                Tienes palabras suaves
                            para mí.
    Y luego nos besamos,
        Y nuestros cuerpos se mueven   una vez más
                                                para bailar.

Cuando el sol salga sobre nuestras cabezas,
                                            otra vez
                                mañana,
        Tendremos nuestros caminos separados
                                    para irnos:
    Tú,
        a tus problemas;
    Y yo
        a los míos.

Yo amo a esa mujer.
No estoy enamorado de ella.

POEM FOR THE FACT
THAT I HAVEN'T SEEN THE FACE
OF MY SON IN TWO WHOLE YEARS
OF OUR LIVES GONE PAST

[for my son, Wazuri-Gente Meléndez-Serrano]

First you take
      TheTwoTiny   Feet
              inbetween your index
                    & middle
                 &ring   fingers
                          , bracing them
                  between
                     you're ThumB
            And lift
              them up
                off of the bed
                   , And Raise
  His tiny, soft, and flabby buns   Above
            the wet and soggy
                  protective
                  cottonquilted   li
                  ning of the newfang
                  ledcontraptionated
                  foamrubberdiaper
                  that's in the vogu
                  e for newbornbab
                  ies now to model in
                  theirplaypens&cribs
                              To
                  flauntabout in
                  daycarecenters,in
                  shoppingmalls,in
                  doctorsoffices
                As you separate
  Him
    from
  His

PoeMa Por eL HecHo
de que No He visto La cara de
Mi Hijo eN eL paso de dos años
enteros de NuestraS vidaS

[para mi hijo, Wazuri-Gente Meléndez-Serrano]

Primero agarras
    LosDosPequeños   Pies
        entremedio de tus dedos índice,
                el del medio
           y el dedo   del anillo
                  , sujetándolos
             entre
              los PulgareS
        Y lo levantas
         hacia arriba
            fuera de la cama
               , Y Elevas
Su pequeño, suave y flácidotrasero   Sobre
        el mojado y empapado
         protector
         acolchonado   re
         vestido por el nuevo arte
         factocontrapuesto
         depañalesimpermeables
         que están de mod
         a para que los recienacidosbe
         bés modelen en
         suscorralitosycunas.
                  Para
        alardear en
        centrodecuidodeniños,en
        centroscomerciales,en
        oficinasmédicas
       Mientras lo separas

  aÉl
    de
  Su

Brand new mass of mess
              that he's just left
                        behind
                             To greet your
                                      Day
              Like fresh strong coffee Smells!...

This is—Apparently,
           the "Thanks!"
                  a parent gets—
                        The Composite Quality,
              The quantity of which
                        ismeasured
                              inteaspoons
                                    of food
                        Amounting to
Theorganicchemicalcompoundedation
complexcadedly eloquentlyeloquated
inthe équationalblepóthesis:
                        CACADOODOODA
                        OVERaDIAPER[2]

As you do this with pure love
so tenderly in your bare hands, You might
think to tickle him beneath
his unwrinkled chin, and observe
                  for yourSelf
     How you've just made   apart
              of yourself(
                        outside of
)yourself
                        participate in
                           the phenomenon of
     Human Laughter;
              The Element of Life
                     (which
              Binds aMantoaBird;
                     Music, when it's heard...
        ...ATree, Sway...   , against the Sky)...
                                And this
                  Therefore, the reason
                           Why
                        He   might
                        Push your hand away

Nuevo aconglomeramiento de desorden
                    que acaba de dejar
                         atrás
                              Para darle la bienvenida a tu
                                        Día
                    como si fuera el Olor de un café fuerte y fresco...

Esto es—Aparentemente,
              el "¡Gracias!"
                    que recibe un padre—
                              Una Composta de Calidad,
                    La cantidad de cuanto
                              esmedido
                                   encucharaditas
                                        de comida
                              equivaliendo
              Alcompuestoquímico orgánico
              complicadameelocuentemente complejo
              enla cuestionablepotesis:
                         <u>CAÇADOODOODA</u>
                    sobreunPAÑAL[2]
Mientras haces esto con tan puro amor
tan tiernamente con tus manos desnudas, que Tú podrías
pensar en hacerle cosquillas bajo
su tersa barbilla, y observar
              por tiMismo
         Cómo acabas de   se-pararte
              de ti mismo(
                         fuera de ti
)tu mismo
                         participando en
                              el fenómeno de la
    Risa Humana;
              El Elemento de la Vida
                         (que
              Une a unHombreconunPájaro;
                    Música, cuando se escucha...
              ... UnÁrbol, Balanceándose..., contra el Cielo)...
                                   Y esto es
                    Por tanto, la razón
                         Por la cual
                                   Él   podría
                         Empujar tu mano

                                         with all the might
                                         he might conjure up
                                         to swell in the sweat
                                         of his hands;
                                                   All
                                                      , in
                                         the knowledge
                         Of his two-weeks' stay
                                         on this world;
                                                   In,
                                                      ALL
                         That he understands of it.

          But, please
                    Don't you misunderstand yourself:
                                   He is just a child, Not yet a man!

SoThenYouTake The Dirty Diaper and
find a clean place somewhere on its
surface(most probably, up front), And wipe it
across the crack of his bare behind,
cleaning off any excess excrement that
might be stuck up there still, AndThenYou
pull away the rag and dispose of it most
properly(without moving a single inch
from where you are, Nor letting go
theFeet) ThenYouTake a clean and warm
dampcloth and wipe theSmell away, and
perhaps, another(for Hygienic's
sake) AndThenYou dry him up with soft dabs
of, still, A softer cloth, ThenYouTake
a decent glob of Vaseline
petroleum-type jelly stuff(Although
Vitamin E Would Be Even Better An Idea!)
AndYou rub it all in there with care,
To prevent those mean old nasty germs
from starting up their own inhuman
race on the face of your baby's behind,
                              THEN!...
ThisIsWhen You place the brand new diaper
underneath, prefolded, just the way your
Mother taught you to, AndYou sprinkle some
Johnsons&Johnsons babypowder generously
all over,

con todo el poderío
que él pudiera invocar
para crecerse con el sudor
de sus manos;
Todo esto
, en
el conocimiento
De su estadía de dos semanas
en este mundo;
Dentro,
Es TODO
lo Que él entiende de eso.
Pero por favor
No te malinterpretes:
Él es solo un niño, ¡Todavía no es un hombre!

Asíquetomas El Sucio Pañal y
encuentras un lugar limpio en alguna parte de su
superficie(lo más probable alfrente), Y lo limpias
a través de la grieta de su trasero desnudo,
eliminando cualquier exceso de excremento que
podría estar atrapado allí todavía, YLuegoTú
retiras el trapo y lo deséchas lo más
correctamente posible(sin moverte ni una sola pulgada
de donde estás, Sin dejar ir
losPies) LuegoTomas un limpio y tibio
paño y borras elOlor, y
quizás, otro vez mas (por aquello de ser
super higiénico) YLuegoLo secas con suaves toques
de, todavía, Una tela aún más suave, EntoncesTomas
una buena ración de vaselina
de aceite refinado en forma de gelatina (aunque
¡La Vitamina E Sería Una Idea Mucho Mejor!)
Y Lo frotas todo con cuidado,
Para prevenir que esos viejos gérmenes desagradables
comiencen su propia inhumana
carrera tras la cara del trasero de tu bebé,
¡ENTONCES!...
Esahícuando Colocas el nuevo pañal
debajo, predoblado, tal como tu
Madre te enseñó, YTú, rocías un poco
delpolvodebebé Johnsons & Johnsons, pero generosamente,
por todas partes,

ThenYou
fold up the front panel, and tuck it in
one side, and—pin it up good and tight,
ThenYou fold the other over, and tuck it up
as just as good—pinning it with a snug,
ThenYou pull his t-shirt over it
AndYou place your hands under his arms
And hold him up behind his neck
And lift him up against your chest,
As you kiss him hard, And hold him tight
And sway him to Asleep this night, Because
He'll never be this age again.

Entonces tú,
doblas la parte frontal y metes
un lado, — y lo pones bien y apretado,
Luego doblas el otro y lo abrochas
igual de bien: sujetándolo con un ajuste perfecto,
LuegoTú, le estiras la camiseta
YPones tus manos debajo de sus brazos
Y lo sostienes detrás de su cuello
Y lo levantas contra tu pecho,
Mientras lo besas fuerte y lo abrazas con fuerza
Y lo balanceas para Dormirlo esta noche, Porque
Él nunca más volverá a tener esta edad.

OF MeNS' WaNTiNgS

In the Sea
of her mermaided loneliness
lives she
and, her daughter
of a crystal clearness childhooded wonder
looks out among the coral chorus
of one-voiced mysticism, echoing
in unisoned oneness; a cry of life
emanates with laughing mirth
from a feminine brow.

Who dares disturb this union
of uncompanioned parenting, upbringing
a child to womanhood;
a mother, into another woman's charms
demystifying the strange ways
of stray men, owners of an alley cat
who lurks around a plate of milk
upon the kitchen floor
of a home
where love
abides & does not hide
the feelings of its moods?

While everything in life changes
& everything knows that change is part of life,
Men remain the only animal of nature
that against all nature still promises
to never change; its feelings
as true & fleeting as the wind
that in a whim, indecisive, changes
nonetheless, and forgets too soon
what it once said, or the power gone
of the breeze it held, but moves on
with common uncertainty
blaming it on unknown destiny.

Such is, and will always be
the turning tide that, without the moon
moves within men

De LOS deSeoS de LOS HoMbreS

En el Océano
de su soledad sirenada
vive ella
y, su hija
de una cristalina claridad infantilmente maravillada
se asoma entre el coro coralino
del misticismo de una sola voz, entonando
en una unidad sin unísono; un grito de vida
emanado con una carcajada de alegría
de un rostro femenino.

¿Quién se atreve a perturbar esta unión
monoparental, convirtiéndola
de niña a mujer;
una madre, desarrollándole los encantos de mujer
desmitificando las extrañas formas
de los errantes hombres, dueños de algún gato callejero
que hacecha alrededor del plato de leche
sobre el piso de la cocina
de una casa
donde el amor
permanece y no esconde
la verdad de sus sentimientos?

Mientras todo en la vida cambia
y todo sabe que el cambio es parte de la vida,
Los hombres siguen siendo el único animal de la naturaleza
que contra toda naturaleza aún promete
nunca cambiar; sus sentimientos
tan ciertos y fugaces como el viento
que en un capricho, indeciso, cambia
de todos modos, y se olvida demasiado pronto
de lo que una vez dijo, o el poder se fue
de la brisa que contenía, pero sigue adelante
con la incertidumbre común
culpando a un destino desconocido.

Tal es, y siempre será
la marea cambiante que, aun sin la luna
se mueve dentro de los hombres

as me...and he
who comes late upon his hour,
after mine so long is gone, but not
forgotten soon ...
And a new promise arises out of
the dust of smoke
that plays upon a palm,
that rests upon a breast
& leaves with just a calm, disrupting
the peace
that once settled there
& is no more the same.

como yo... y él
quien llega tarde pero a su tiempo,
después de que el mío se haya ido hace tanto tiempo, pero no
olvidado aún...
Y una nueva promesa surge del
polvo del humo
que juega sobre una palma,
que descansa sobre un pecho
y se va con solo tanta calma, interrumpiendo
la paz
que una vez se instaló allí
& ya no es lo mismo.

Healing

I.
I loved you so much
once; Now I can't remember
how we used to kiss.

II.
Love acts as Nature;
Breeze in the trees' memory,
Fleeting as snowflakes.

Sanando

I.
Te amé tanto
una vez; Ahora no puedo recordar
como solíamos besarnos.

II
El amor actúa como la Naturaleza;
Ventoso en la memoria de los árboles,
Fugáz como copos de nieve.

WHat Love KiLLS

[for Xóchitl Susana Alvarado Herrera]

HE
Killed
Her!...
IN A FIT OF RAGE!!!!... HE
Killed HER! :
He whipped out his Commemorative 9-millimeter pistol(a)
& Yelled at the wind in the face of the crowd to her; *"YOU'LL BE MINE
OR NO ONE'S,"* in Spanish he told her,
& shot her 5 times, pointblank.
Then knelt down before her now swelling body
and cried, "... *My Love, My Love!*

                ...Take me to where you go..."(
                  having sent her there himself)

  & holding her dead
               , limp,
   and now hardening hand to his still thriving heart,
  He placed the gun into his mouth and, firing once,
                           He killed
                           himself!

...*Their Blood*
            flowing now; Married in a red sheet of the end of life—
So Red!... So Red!!!... it appears *purple* in the photograph
on the cover of the local gossip magazine, for all the world to see!...
Where no one on earth can ever tell again, where the waves of her long
   brown hair
would end, and the pool of her blood begin against the marbled shine
of the Villa del Mar Hotel lobby; Where, here, her dreams of becoming
   Miss Veracruz,
met the fate of her destiny and now cruise down the floatless lonely avenue
of, *"Please, My Love, forget-me-not!..."*

The once, outspoken witnesses stand mute in humbling
   shock, saintly
in their hushed mourning, as they arrive, the women who come
without permission, to fix the faces of the newly died—
Before *"The Others"* even know of this—that this has happened
within the story of their family: That now it's an unforgettable part of their lives;

Lo que mata el amor

[para Xóchitl Susana Alvarado Herrera]

ÉL
la Mató
¡A Ella!...
¡¡¡¡EN UN ATAQUE DE RABIA!!!!... ÉL
¡LA Mató! :
Sacó su pistol(a) Conmemorativa de 9 milímetros
Y le Gritó al viento frente a la multitud; "SERÁS MÍA
O DE NADIE", le dijo en Español:
Y le disparó 5 veces, a sangre fría.
Luego se arrodilló ante su cuerpo ahora hinchado
Y gritó: "... *¡Mi Amor, Mi Amor!*

             ... Llévame a donde vas... "(
                 habiéndola enviado él mísmo allí)

   y sosteniéndola muerta

       , flácida

y con su mano, ya semi rígida, puesta sobre el corazón de él aún vigoroso,
   se puso la pistola en la boca y, disparando una vez,

                      ¡Se mató
                      él mísmo!

...*La Sangre de Ellos*
       fluyendo ahora; Casados sobre una sábana roja al final de la vida—
¡Tan Rojo! ... ¡Tan Rojo!... parece púrpura en la fotografía
de la portada de la revista de chismes local, para que todo el mundo lo vea...
Para que nadie en la tierra pueda volver a decir, dónde las ondas de su largo
   cabello castaño
terminarían, ni dónde el charco de su sangre comenzaría contra el brillo veteado
del lobby del Hotel Villa del Mar; Aquí, Donde, sus sueños de convertirse en
   Miss Veracruz,
conocieron el destino de su destino y ahora navega por la avenida solitaria sin carrozas
de "¡Por favor, Amor Mío, no me olvides! ... "

Los testigos una vez, elocuentes, permanecen ahora mudos en reservada
   conmoción, piadosos
en su luto silencioso, a medida que llegan, las mujeres que vienen
sin permiso, para arreglar las caras de los recién fallecidos—
Antes de que "*Los Otros*" sepan que—esto sucedió
dentro de su historia familiar: Que ahora es una parte inolvidable de sus vidas;

These women , having already noticed the cultural crime committed here . . .
A part of their lives, where a man knocks a woman on her head
and she belongs to him only & forevermore;
Her tongue cut off in a ceremony no one sees, not even her mother—
Nor a moan is heard, but the scars show up in the mornings
    early, with sickness,
And it's rumored among old wives' tales:

    "He would have gone to jail for sure!"
                          " . . . or at least,
     They would have slapped his hand real hard this time . . . "
     "They Were In Love!!!"
                    . . . so friends say solemnly,
     "He loved Her too much!!!"
                "—Besides,
                      It was their destiny . . . "
     They all agree without authority.

Who in Hell knows *Why,*
Or even understands children —and lovers, at play—
They're all the same—let alone when they are quarreling—
No matter how colorful they be —even birds are beasts
when we see them arguing.
             No one, No . . .
No one in their lives could have prevented this.
The lonely man on Earth has not yet been born who would stop
a madness of this sort in the village of his father's father's father.
Instead, contemporary local men print the photograph—
Hot off the Scene-of-the-Crime!!! & are quick to publish a
    version of what happened—
Or might've happened, but will go unexplained till the end
    of Time:
  "She should've stayed with Him!"
   "A Woman's place is with her husband!"
               So they all conclude with a shrug.

  —And Why Not?!!!
    He loved her! . . . He loved her alright!!!
     He proved that by killing her! . . . Other men have done worse!

Perhaps, he should have just shot himself!!!—If he was so bold
    as to take Her life, Why not just take his own
     and leave hers alone?!

Estas mujeres , ya han sentido el crimen cultural aquí cometido...
En la parte de sus vidas, cuando el hombre golpea a su mujer en la cabeza
porque ella le pertenece solo a él y para siempre;
En Su lengua cortada en una ceremonia vista por nadie, ni siquiera por su madre—
Donde ni un gemido es escuchado, pero las cicatrices aparecen en las mañanas
   temprano, acompañadas de dolores,
Y se cuchichea entre los cuentos de las mujeres:

   "¡Seguramente habría ido a la cárcel!"
                  "...o al menos,
      Esta vez le habrían dado una buena reprimenda..."
   "¡¡¡Estaban enamorados!!!"
                  ... algunos amigos dicen solemnemente
      "¡La amaba demasiado!"
                  "—Además,
                     Era su destino... "
      Todos consienten, aunque sin autoridad.

¿Quién en el infierno sabe por qué
O incluso entiende a los niños—y a los amantes, en el juego?—
Todos son iguales—y mucho más cuando están argumentando—
No importa cuán coloridos sean—hasta los pájaros son bestias
cuando los vemos discutiendo.
                  Nadie, No...
Nadie en sus vidas podría haber evitado esto.
Todavía no ha nacido sobre la Tierra el hombre solitario que detendría
una locura como ésta en el pueblo del padre del padre de su padre.
En cambio, los hombres locales contemporáneos imprimen la fotografía—
¡¡¡Recién salida de La-Escena-del-Crimen!!! y son rápidos para publicar una
   versión de lo sucedido—
O de lo que pudo haber sucedido, pero quedará sin explicación hasta el
   final de los Tiempos:
   "¡Ella debió haberse quedado con Él!"
      "¡El lugar de una mujer es con su esposo!"
                  Entonces todos concluyen encogiéndose de hombros.

—¡¡¿Y Por Qué No?!!!
   ¡La amaba!... ¡¡¡La amaba bien!!!
   ¡Lo demostró matándola! ... ¡Otros hombres lo han hecho peor!

¡¡¡Quizás, debería haberse disparado a sí mismo!!!—Si fue tan audaz
   para quitarle la vida a ella, ¿Por qué no se quitó la suya
      y la dejó en paz a ella?!

There would have been an act of true love and courage!!!—
Let him break his own damned heart!...

Her supple beauty now lay dormant, vacant, as her eyes
    of their dancing spirit...
                        Ever-so slightly closed, her eyes
                        as if a doll asleep, but not!
Instead, obscured in the macabre mascara that blood makes on the face
    of all its victims; All who bleed!!!...
For all that he loved of her is dead:
    Gone now, far removed from the present moment of this,
        or any other human moment left in life; Gone, simply, because
            she refused to be his wife.

¡¡Habría sido un acto de verdadero amor y coraje!!—
¡Deja que rompa su propio maldito corazón!...

Su flexible belleza yacía ahora estática, vacía, como los ojos
    de su espíritu danzante...
                    ¡Tan ligeramente cerrados, sus ojos
                      cual una muñeca dormida, pero no!
En cambio, todo se nubla en la macabra máscara que la sangre hace en la cara
    de todas sus víctimas; De Todos los que sangran...
Porque todo lo que él amaba de ella está muerto:
  Ido ahora, muy alejado de este momento presente,
 o cualquier otro momento humano dejado en la vida; Ido, simplemente, porque
    ella se negó a ser su esposa.

IN God THey TRust

a Woman, praying loudly
                on the morning bus;
Telling all the workers
            going in a rush
   That they should
            be worshipping
                The Lord,
                    Thy GOD
   That *All* who hear
            her voice
                this day
        hear the voice of GOD
                    , she says...

There are always
            Women such as these —
   Who've given over
        their hopes & dreams
                to a Higher Cause,
        perhaps because,
                    Once
        Upon a Time...
   They each made
                a Man
                    their GOD,
   Who broke their heart;
            being his crime.
Thus now...
            later on in years
                        , Perhaps
                to suffice
                for too many tears,
   They now make GOD
                their Man,

    which soothes
        the bitter pieces
                    of
            their broken hearts.

EN DiOS CONFíaN

una Mujer rezando en voz alta
                    en el bus de la mañana;
Diciéndole a todos los obreros
                    apresurados
    Que deberían
            alabar
                    a El Señor,
                        Tu DIOS
    Que *Todos* los que escuchan
                    su voz
                        este día
                escuchan la voz de DIOS
                            , dice ella...

Siempre hay
        Mujeres como éstas...
    Quienes han entregado
        sus esperanzas y sueños
                    a una Causa Superior,
        quizás porque,
                    Una vez
            Érase una vez...
    Cada una hizo
            de un Hombre
                    su DIOS
    Que rompió su corazón;
            cometiendo un crimen.
Y entonces ahora...
                al pasar los años
                            , Quizás
                para aliviarse
                    de las tantas lágrimas,
    Ahora hacen a DIOS
                su hombre,

    que calma
        los pedazos amargos
                        de
        sus quebrados corazones.

FALLEN ESTEEM

The candles are having difficulty holding the flames
                                        with their lips...
The breeze pushes through them so easily,
   they allow it passage, as I, my memory of you:
Dreams, with once the sweet smell of you in their hair,
   walk into my sleepy arms, curl around and release themselves
      before my eyes are even able to catch a glimpse of them.
Flowers now smell like nothing conceivable of here.
Your whispers, once so clear, may as well be silent,
   since your eyes cannot conceal the keeping of their lies;
Now all mirrors are made of stone, reflecting nothing,
   but me alone.
If there are no storms tormenting your tomorrow mornings,
   leaving you equally as cold and lonely as me,
I can only wish you all the best, remembering this very moment
   as an instance of forever—How well we waved goodbye.

Where was the cynical face of laughter hiding when, so simply
   I would quite seriously confess my love for you?
In whose company did you sober in the morning, while I cried
   throughout the prior night, standing naked in the shadowed truth
      wrapped within this lie we lived as love?
That, which the Moon made mad with joy one night,
   was much more sadder the next day when we held it to the light...
Thus, where once an inconceivable color described the exactness
   of your face, now simple words identify you as you walk the street,
      so plainly on a mundane afternoon.

Caer en desgracia

Las velas tienen dificultades para sostener las llamas
con sus labios...
La brisa los atraviesa tan fácilmente,
les permite pasar, como a mi, según mi recuerdo de ti:
Sueños, con el dulce olor a ti en sus cabellos,
caminando hacia mis soñolientos brazos, enroscándose y soltándose
incluso antes de que mis ojos pudieran vislumbrarlos.
Las flores ahora huelen a nada concebible aquí.
Tus susurros, una vez tan claros, como también tan silenciosos,
pues tus ojos no conciben ocultar sus mentiras;
Ahora todos los espejos están hechos de piedra, reflejando nada,
solo a mí.
Si no hay tempestades que atormenten tus futuros amaneceres,
dejándote igual de fría y sola que yo
Solo puedo desearte lo mejor, recordando este mismo momento
como un instante eterno—Que bien nos despedimos.

¿Dónde estaba escondida la cara cínica de la risa cuando, de forma tan simple
Confesaría seriamente mi amor por ti?
¿En compañía de quién estabas sobria por la mañana, mientras yo lloraba
durante toda la noche anterior, de pie, desnudo en la sombra de la verdad
envuelto dentro de esta mentira que vivimos como amor?
Eso, que hizo a la Luna enloquecer de alegría una noche,
fue mucho más triste al día siguiente cuando lo sostuvimos a la luz...
Así que pues, donde una vez un color inconcebible describía la exactitud
de tu cara, ahora palabras simples te identifican mientras caminas por la calle,
tan simplemente en una tarde mundana.

In AFterNooN Love

Let me fall
        in love
            again,
               In Afternoon Love!
                    Where
There is no concern
          of Space
             & Time;
               O, All desires made wine!
That *a Woman*
        Would volunteer her lips   so softly upon
                  the face of this man;
  And how she would wear
           My dark arms   so warmly around her
               as a shawl,   or the sheet
                  which she may have worn to be born.
Let me begin to imagine her now:
  Let the design of her come
              to the front of my mind,
    And my mind
       take me away with it—
              Ah!!!...
    That she would walk
      Like a Light
        in her painted bare feet
          With her hair in the clouds,
               Her blouse wet
                    from the Sea
                     to her Breasts;
    With the Wind,
        blowing
           in the music of the night,
    And the Waves,
        whistling
           in standing ovation—
                  The Moon,
     So careful and kind with its art,
     Would sculpture her image
         in the design of a shadow

En la tardel amor

¡Déjame caer
           enamorado
                otra vez,
                      En la Tarde del Amor!
                            Donde

 No hay preocupación
                de Espacio
                  y Tiempo;
                    ¡Oh, donde todos los deseos se hacen vino!
Donde una *Mujer*
              voluntariamente posara sus labios   tan suavemente
                          sobre el rostro de este hombre;
   Y donde ella se vistiera con
                 Mis brazos oscuros   tan cálidamente sobre sus hombros
                      cual un chal, o como la sábana
                       que pudo haber usado al nacer.
Déjame comenzar a imaginarla ahora:
  Deja que tan solo el diseño de ella   venga
                      frente a mi mente

     Y mi mente
        me lleve con ella—
                ¡¡¡Ah!!! ...
    Como si ella estuviese caminando
     Como una luz
        en sus pies descalzos pintados
          Con su cabello en las nubes,
                   Su blusa mojada
                      del Mar
                        hasta sus Senos;

    Con el Viento,
        soplando
           en la música de la noche,
   Y las Olas,
       silbando
          con vítores y ovaciones—
                    La luna,
    Tan cuidadosa y amable con su arte,
    Esculpiría la imagen de ella
        en el diseño de una sombra

As she sails
        through the sand,
                The Sand,
                    Caressing each portrait
                    of every step that she makes
                                Absolutely with Grace!

Yes!!!
    Someone like that
                in Love with Me!
    In whose precious arms
                My love
                    would painfully fall—
        She would be all
            of the Sea in her excitement—Turbulent!
                                When she is a storm!
Loving Me,
        Soberly
            into Mad Inebriation,
    She would grant me the sweet permission
        To be among
                The Imagery of Her World . . .
Where, We! —
            We cannot Stop!
                We can only begin to continue . . .
Where, We! —
            We would not be lost;
            We would be The Unknown!
    And,
        Loving Her
                would be
                    like, Men
                        singing with guitars—
                    And Ladies
                            dancing in a courtyard,
                                clapping their hands in midair
                    with Their
                            Laughter
                                among the fruits and the flowers
                                                hanging
                                their eyes and ears
                                        from the trees!

Mientras ella navega
a través de la arena
La Arena,
Acariciaría cada retrato
de cada paso que ella dé
¡Absolutamente con Elegancia!

¡¡¡Sí!!!
Alguien así
¡Enamorado de Mí!
En cuyos preciosos brazos
Mi amor
dolorosamente caería rendido —
Ella sería toda
la exitación del mar — ¡Turbulenta!
Cuando sea tormenta!
Recibir su Amor,
Sobriamente
en la Embriaguez Loca,
Me concedería el dulce permiso
De Estar entre
Las Imágenes de Su Mundo . . .
¡Donde Nosotros! —
Nosotros, ¡ya no podemos Parar!
Nosotros somos continuidad . . .
¡Donde, Nosotros! —
Nosotros no estaríamos perdidos:
¡Nosotros seríamos *Lo Desconocido!*
Y,
Amarla
sería
como, Hombres
cantando con guitarras —
Y Damas
bailando en un patio,
aplaudiendo en el aire
con Sus
Risas
entre las frutas y las flores
colgando
sus ojos y sus orejas
de los árboles!

In this land
   That we make believe in our minds—
                           Where, The Sun goes
                                Over a bridge
                         To sleep with The Wind
                                where she strolls,
                              a soft breeze
                         beneath his warm arm—

       We would look to the image
         That we'd leave of ourselves
            in the glass of the water
                           —Beyond the quiet white house
             Where it is We
                   Who are
             The two lovers
                   Who lay
               Naked and wet,
                   so heavily breathing;
       In Love
         In Her World
             as we would be
         So much in love with it—
             Laughing in the face of rain
                upon our faces,
                     We would be like two drunks
                                singing late
                     through a neighborhood!…
So,
     That we would be
       so much in love as this
   We may exist
         in a dream,
     And It would be quite the same:
                           She would be
                           My Fire & Flower!

Oh!!! How well,
           with remorse
             that I remember love deeply—
   All of this,
       to me
   sounds like the coming of Spring!
                     Wherein the sky,

En ésta tierra
   Que hacemos creer en nuestras mentes—
                 Donde va el Sol
                    Sobre un puente
           A dormir con El Viento
              donde ella se pasea
                 como una suave brisa
          debajo de su brazo caliente —
   Miraríamos la imagen
    Que dejaríamos de nosotros mismos
     en la cristalina agua
           —Más allá de la tranquila casa blanca
    Donde es Nosotros
       Quien es
   Los dos amantes
      Tendidos
    Desnudos y mojados,
         respirando tan fuerte;
  Enamorados
   En Su Mundo
     como si estuviéramos
   Tan enamorados del amor —
    Riéndonos ante la lluvia
      sobre nuestros rostros,
             ¡Seríamos como dos borrachos
                  cantando tarde
           por todo el vecindario! …
Entonces,
  Cuando estemos
    así de enamorados
  Podremos existir
     en un sueño,
   Y sería exactamente así:
         ¡Ella sería
        Mi Fuego y mi Flor!

¡¡¡Oh!!! Cuan bien,
        recuerdo con remordimiento
         amar profundamente
 ¡Todo esto,
     para mí
  suena como la llegada de la Primavera!
         Donde en el cielo,

Clouds are birds
flocking
to wet their feathers and faces
On the breasts of the promise
of another summer's day....

I cannot contain
This desire in a secret any longer—
Here!...

It wants to break my heart,
And make of me
A weak and weeping child;
"What Can Be More Cruel Than This?!"
To be so much unloved;
To have a dream—
Your Dream,
A Wish without a wing!

I know this Madness
That wants my head—
To make a toy
with what I think
And twist what I believe!
What I see!
What is real to me!
What is my fantasy!—
It is inside of Me;
It is I!...
It is I!
It is All I!
I!

And nothing else,
but I!...
I Am Here—
In these swallowing lips of this desire!

O!
Let *The Voices*—
Those who do their strange stalking
in the dark dramas
where dreams do their leisurely walking—
Let them come!
Open their mouths
And swallow me

Las Nubes son pájaros
                          congregados
        para mojar sus plumas y rostros
        En los senos de la promesa
            de otro día de verano...
Yo no puedo contener
    Este deseo en secreto por más tiempo—
                          ¡Aquí!...
        Quiere romper mi corazón,
                    Y hacer de mí
        Un niño débil y llorón;
        "¿¡Qué Puede Ser Más Cruel Que Esto!?"
                          Ser tan poco amado;
                          Tener un sueño—
                                Tu propio sueño,
                    ¡Un Deseo sin ala!

Reconozco esta Locura
    Que quiere mi cabeza—
                      para hacer un juguete
                      de pensamientos
    ¡Y torcer lo que creo!
          ¡Lo que veo!
          ¡Lo que es real para Mí!
          ¡Lo que es mi fantasía!—
                          Está dentro de mí;
                          ¡Soy Yo!...
                          ¡Esto Soy Yo!
                          ¡Solo Soy Yo!
                                ¡YO!
    Y nada más,
          ¡pero Yo!...
    Estoy Aquí—
        ¡Dentro de estos labios hambrientos de este deseo!

¡Oh!
    Deja que *Las Voces*—
              Las que hacen su extraño acecho
                        en los oscuros dramas
                  donde los sueños caminan tranquilamente—
    ¡Déjalas venir!
      Abre sus bocas
              Y que me traguen

Timelessly
            into timelessness, without regret—
    Take me to where that madness grows:
                My Mind is Sperm!

On The Day
        that this poem would create with its Voice,
    Our romance would carry
        the light burden
        of shoulders unworried;
                    Against the sweeping bed
                            that grass makes
                when it is in the wind,
            We would appear
                        as folded hands
            Where we have come to sit,
                            To watch
            The moving wheels
                of the caravan of mushroom clouds
                                    As it sails
                                        in the blue
                            Sea of the Sky,
                And the Wind passes by
                            , A Lady
                                in bubbles in a bath;
                And Birds' songs
                        are a crystal chime
                            in the air,
                                And We Are
                                        without
                                    a doubt
                                    or a care!…

O!, Let me fall
            in love
                    again!
                    In Afternoon Love!—
                            Like This,

                            like I Dream!

Atemporal
    en la atemporalidad, sin arrepentimiento—
Llévame a donde crece esa locura:
      ¡Mi Mente es Líquido Seminal!

El Día
    que este poema pueda crear con su Voz,
  Nuestro romance llevará
    la ligera carga
     de hombros sin preocupaciones;
        Contra el espaldar de la cama
          que la hierba hace
      cuando está en el viento,
     Apareceríamos
        como dos manos juntas
     Donde fuimos a sentarnos,
         para Ver
    la caravana de nubes
     desplazándose como hongos
          Mientras navegan
         en el azul
      Mar del Cielo,
    Y en el Viento que pasa
        , Una Dama
         en un baño de burbujas;
    Y las canciones de los Pájaros
     serían una campana de cristal
        en el aire,
         Y Seríamos
           sin
        duda alguna
        ni un comino! . . .
¡Oh, Déjame caer
    enamorado
      de nuevo!
        ¡En la Tarde del Amor! —
          Así,

          como en Mi Sueño!

Within The Poet's Suite

TO ME, Today These Walls Are New!
Their Secrets have not yet come to greet
my turning key,
But I am here, Nonetheless
to lay this traveler's sleep against their floating breasts,
although my name sails on someone else's lips.

How simple the world was then; I, a child
in a sonnet's palm,
The breasts came to me to be kissed,
like sheep that comes to be counted
on a restless bed;
The neighbors, with their stomachs wet
crept near the cradle where a poem slept
To touch it with their softest hands,
Their careful words would fly...
My youth was candy to the wrinkles
in their eyes!

But Now!
Now, My how I have grown;
I do not remember women with whom I do not sleep,
I do not write sober,
I have trouble looking over my memory's shoulder,
And only whores know the movement that is wild
within my fingers—
Only drunkards know the streets through which
my shadow lingers:

O THAT MEN! MUST BE STRONGER
THAN THE METALS WHICH THEY CREATE!
THEY MUST BE ABLE TO BEND SHADOWS—
LIKE MATCHES BREAK! BETWEEN
TWO FINGERS IN ONE'S SINGLE HAND!!!...

So let come toNight, Sweet To Night;
That the sirens enjoy their midnight play—
The lullabies drag themselves on tired feet,

Dentro de la Suite del poeta

¡PARA MÍ, Por Hoy, Estas Paredes Son Nuevas!
Sus Secretos aún no han venido a saludar
al giro de mi llave
Pero estoy aquí, No Obstante
para colocar el sueño de este viajero contra sus senos flotantes,
aunque mi nombre navega en los labios de otra persona.

Que simple era el mundo entonces; Yo, un niño
en la palma de un soneto,
Los senos vinieron a mí para ser besados,
como ovejas que vienen para ser contadas
en una cama turbulenta;
Las vecinas, con sus estómagos mojados
se arrastraron cerca de la cuna donde dormía un poema
Para tocarlo con sus más delicadas manos,
Sus cuidadosas palabras volarían...
¡Mi juventud fue golosina para las arrugas
en sus ojos!

¡Pero Ahora!
Ahora, Mira cómo he crecido;
No recuerdo mujeres con las que no duermo,
No escribo sobrio,
Tengo problemas para mirar por encima del hombro de mi memoria,
Y solo las putas conocen el movimiento salvaje
dentro de mis dedos
Solo los borrachos conocen las calles por las cuales
mi sombra perdura:

¡OH, QUE LOS HOMBRES! DEBEN SER MÁS FUERTE
¡QUE LOS METALES QUE CREAN!
DEBEN SER CAPACES DE DOBLAR SOMBRAS—
¡COMO SE ROMPEN LOS CERILLOS! ENTRE
¡¡¡DOS DEDOS EN UNA SOLA MANO!!!...

Así que deja que llegue laNoche, Dulce para el Crepúsculo;
Que las sirenas disfruten de su juego de medianoche—
Las canciones de cuna se arrastren sobre pies cansados,

The naked dancers swim beneath my blanket's sleep
To wet themselves with my pillow's arms;
That I may lock myself among these swelling walls,
Where Nightmares dance with flames above their heads!
That the windows tremble against this falling cold
When myself will come to hug myself—
Let History Come! Finally, To Make Me Great!

Los bailarines desnudos naden bajo el sueño de mi manta
Para mojarse con mis brazos hechos almohada;
Para encerrarme entre estas paredes hinchadas,
¡Donde las Pesadillas bailan con llamas sobre sus cabezas!
Que las ventanas tiemblen contra este frío que cae
Cuando yo mismo me abrace a mí mismo—
¡Que Venga La Historia! ¡Finalmente, Para Hacerme Grande!

FULL MOONeSS

I love you.

I have nothing else to offer you,
   but this experience of myself.

      That I would walk through your life
        Like a shadow walks
                        , along the side
                              of a wall,
        I will slide, touching the nothingness—
        Leaving only the whisper
                        of a memory
                              tingling
                                    in your mind;
    Like smoke,
          drifting pale from a cigarette—
      A cat, slithering
                among the legs
                      of the tables
                            & Chairs
                      of a bar....

When, The Moon comes—
                  (O! The Moon comes!)

    I will howl like a wolf,
                      Hungry! & Alone!
      for the openness
                of a far
                      away Sky—
                            (With All Its Lights!
                                    & Amazements!)
    I will be speaking
                  , of Only
                        One
            Particular Star!

LuNa LLeNa

Te amo.

No tengo nada más que ofrecerte,
   Solo esta experiencia de mí mismo.

     Que caminaría por tu vida
       Como una sombra camina
             , a lo largo
                  de una pared,
       Me deslizaré, tocando la nada—
        Dejando solo el susurro
             de una memoria
               estremecedora
                  en tu mente;
  Como humo,
      de un cigarrillo que flota a la deriva—
    Un gato, que se desliza
          entre las patas
            de las mesas
              y Sillas
               de un bar....

Cuando, viene la luna—
        (¡Oh! ¡Llega la luna!)

  Aullaré como un lobo
          ¡Hambriento! ¡Y solo!
   por la abertura
      del lejano
        distante Cielo—
           (¡Con Todas Sus Luces!
               ¡Y Desconciertos!)
  Yo estaré hablando
        , de Sólo
        Una
    Estrella en particular!

The She of God

There is a GOD...
           and She is you; Mother...
Mother of the Artist,
Mother of the Art!
Mother, rising in Son and Daughter,
   Now, Everyone alive her Child, cherished, as is water;
Who channeled through the liquid space of Time
    into this lake of jagged stone, alone—
                              Everyone of woman borne;
Whose mystery is *Spirit;* and penetrates quite easily
    the perforated threshold of this Earth;
Fecund with the gift of Birth—
             The look of Love, obvious as eyes upon her face!...

No Man, or Woman can escape the *Essence* of this *Grace,*
    that breathes within every living thing that is,
                    & because It Is;
Life as Art on Earth, quite commonly, is a
    Natural circumstance of the chance for Life itself;

O, Mother, Mother Poetry & Art...
While still cradled in the womb, The embryonic man
    rustles in his sleep—
              Unborn as yet, he is brave;
            unafraid of *Dreams & Myths,*
And is soothed by a lullaby sweetly sung, arising from
    the angelic voice of his Mother's natural love...

That from the moment of his birth, having nursed
    the Universes of her breasts,
                —& still restless,
     Nevertheless he goes astray
    And throws himself into the brutally artistic day,
     openly exhibiting his naked heart!
                   ... while the Mind's *Third Eye,*
                    in its unconsciousness,
                      already knows
                       substantially
                   that*Reality*

La eLLa de DioS

Hay un DIOS...
       y Ella eres tú; Madre...
Madre del Artista,
¡Madre del Arte!
Madre, germinando en Hijo e Hija,
  A ver, Toda Vida es tu Hijo, apreciado, como el agua;
Quien canalizó a través del espacio líquido del Tiempo
    en este lago de piedra irregular, sola—
                     Todos los seres nacidos de mujeres;
Cuyo misterio es el Espíritu; y penetra sutilmente
    el umbral perforado de esta Tierra;
Fecundada con el regalo del Nacimiento—
         ¡La mirada del Amor, ovia como los ojos de su rostro!...

No hay Hombre ni Mujer que pueda escapar de esta *Esencia Divina,*
    que respira dentro de cada ser vivo,
                 y porque Es;
Lu Vida como el Arte en la Tierra, es completamente común, una
    circunstancia Natural de la oportunidad para la propia Vida;

Oh, Madre, Madre Poesía y Arte...
Mientras todavía acunado en el útero, La embrionaria criatura
    susurra mientras duerme—
          Aún no nacido, y aun así ya es valiente;
          sin miedo a los *Sueños y Mitos,*
  Y se calma con una canción de cuna dulcemente cantada, que surge de
    la voz angelical del amor natural de su Madre...

Quien desde el momento de su nacimiento, habiendo amamantado
    los Universos de sus senos,
          —y aún insomne,
   Aun así se descarrila
   Y se lanza al día brutalmente artístico,
     ¡exhibiendo públicamente su corazón desnudo!
         ...mientras que el *Tercer Ojo* Interior de la Mente,
              en su inconsciencia,
                  ya sabe
               sustancialmente
         quelaRealidad

is as elusive

as

a fleeting moment(

"the Thought upon the Lips reclines to Rest...")

, that in its speck

of time exists

, and in another instant

escapes our grip—

To be born distinctively anew

Somewhere else, within Someone else,

equally inexperienced

In Love and Life, as you!...

:Within, without, separate and apart,

Embodied in a man, being matter over mind,

& having its own soul,

He goes...

With mad ideas of Perfectness

pounding in his head,

In Love!, And in mad pursuit of

the Great Adventure!

& some kind of Peace of Mind

that there might be within the world today,

So

He flirts with the flickering flame of fire

& desire...

And now sees Himself, & the World

from a new, obscure and poignant point of view—

Where Nothing's Nowhere

& Everywhere at once!

—leaving him for dead!!!...

He Cries Out! :

"Mother!, Mother!...

Where Art Thou Now?!"...

And, consumed within the guilt of every man—

he sulks into his open hands,

"...Why have you forsaken me?!"

Without so much as a farewell kiss—

...Thus begins descending

into his own abyss.

es tan esquiva
como

un momento fugaz (
   "el Pensamiento se reclina sobre los Labios para Descansar...")
                              , que en un instante
                                del tiempo existe
                              , y en otro instante
                        escapa de nuestro control —
Para nacer distintivamente nuevo
   En Algún otro lugar, dentro de Alguien más,
      igualmente inexperto
            ¡En Amor y Vida, como tú!...

:Dentro, fuera, separado y aparte,
   Encarnado en un hombre, siendo materia sobre mente,
      y teniendo su propia alma,
               Él va...
   Con ideas locas de *Perfección*
               golpeando en su cabeza,
      ¡Amando!, Y en la loca búsqueda de
               ¡la Gran Aventura!
         y cierto tipo de Paz Mental
            que debe haber dentro del mundo de hoy,
                        Entonces
         Coquetea con la llama del parpadeante fuego
                        y del deseo...
   Y ahora se ve a Símismo y al Mundo
      desde un punto de vista nuevo, oscuro y conmovedor —
      Donde Nada está en Ninguna parte
               ¡Y en Todas partes a la vez!
                  — *¡¡¡dándose por muerto!!!* ...
¡Él grita! :
      "¡Madre!, ¡Madre!...
         ¿Dónde, Arte estás ahora?"...

Y, consumido por la culpa de cada hombre —
   lagrimea entre sus manos abiertas,
            "...¡¿Por qué me has abandonado?!"

Sin siquiera un beso de despedida —
   ...Mientras comienza a descender
            en su propio abismo.

BORRACHO [Very Drunk]   ❧   169

But it is *She* who weeps,
   and thusly, sweeps away the remnants of
     the mundane pain that seems so plainly always
      in the world today—
  That would win the *Cosmic* battle for the heart
    Oh, Were it not!
      for her ever-present form of Art—

                         ...*Whose love would not betray!*

Though through time tested, never bent its will—
To Speak of what it would;
To Express what Pain and Power
   is in Nature's natural strength...
              That holds him wounded in her arms,
                       alone,
                while in his arms,
                     is *She*—
            with the subtlety of Dignity,
                Humility
            & Godliness;
    Who sheds the tears that pay the price
      for the breadth of Art's unrequited sacrifice...

O, Mother of the Artist!,
          Mother of the Art !
Spiritual Creation made flesh, strolling among us
                in its most purest form;
  That makes *Time* itself stand still,
          holding-in its own breath;
While She gives to *Life* that,
        which *DEATH* can never take from us.

Pero es *Ella* quien llora,
  y consecuentemente, barre los restos del
    dolor mundano que siempre aparece tan claro
      en el mundo de hoy—
  Quien ganaría la batalla *Cósmica* para el corazón
    ¡Oh, si no fuera así!
      por su siempre-presente forma de Arte—
                        …¡Cuyo amor jamás traicionaría!

Aunque a través del tiempo probado, nunca dobló su voluntad—
Para Hablar de lo que debería ser;
Para Expresar lo que el Dolor y el Poder es
  en la fuerza natural de la Naturaleza…
                    eso que lo mantiene herido en sus brazos,
                            solo,
                mientras estando en sus brazos,
                      es *Ella*—
             con la sutileza de la Dignidad,
                La Humildad
            y La Divinidad;
  Quien derrama las lágrimas que pagan el precio
    por la amplitud del sacrificio no correspondido del Arte…

¡Oh, Madre del Artista!,
           ¡Madre del Arte!
  Creación Espiritual hecha carne, paseando entre nosotros
                   en su forma más pura;
  Que hace que el *Tiempo* mismo se detenga,
             conteniendo su propio aliento;
  Mientras Ella le da a la *Vida* eso,
         que la *MUERTE* nunca nos podrá quitar.

Guatiao [Friendship]

The Spacepeople (
from outer places)
wore long gowns
that were made of Moon
thread
And these gowns
had other Spacepeople
inside

These Spacepeople
from other places
wore smiles
that were very sad

But these outer places
from which they came
were places of inner too
They had no clocks
or other machines
to tell time
They measured Space
And also
they could fly

I know these people
from outer places
They are my friends
And every now and then
these people reach
through Space
to touch my ankles...

Guatiao [AMiStad]

Los SeresAstrales (
de lugares lejanos)
llevaban vestidos largos
hechos de hilo
de Luna
Y estos vestidos
tenían otros SeresAstrales
por dentro

Estos SujetosGalácticos
de otros lugares
vestían sonrisas
que eran muy tristes

Pero estos lugares foráneos
de donde vinieron
eran lugares de adentro también
No tenían relojes
ni otros aparatos
para medir las horas
Medían el Espacio
Y también
podían volar

Conozco a estos sujetos
de lugares cósmicos
Son mis amigos
Y de vez en cuando
esta tribu alcanza
a través del Espacio
tocar mis tobillos…

A Place

a park
is
more
than
just
a place
    where lovers
    picnic,
    where children
    run   & laugh
    & laugh
    & run
where
    old women
      breathe
      in
      the sun
& men play
        chess
&
pigeons
&
squirrels
    are fed
&
gossips
    spread
&
leaves
    fall dead,
where
the lonely
sit
    & think
    deep thoughts,
    & memories
    pictures'
    wrought,
where one
finds life
    to be the worth

UN Lugar

un parque
es
mucho más
que
sólo
un lugar
    donde los amantes
    se van de picnic,
    donde los niños
    corren   y ríen
    y se ríen
    y corren
donde
    las mujeres viejas
      respiran
      bajo
      el sol
y los hombres juegan
          ajedrez
y
las palomas
y
ardillas
    son alimentadas
y
los chismes
    se propagan
y
las hojas
    caen muertas,
donde
el solitario
se sienta
      y piensa
      profundos pensamientos,
      y provoca
      imágenes de los recuerdos,
donde uno
encuentra que la vida
    es el valor

     of another day...
oh, a park
is
a place
the victim
of its
own
suicide
simply
did
not
find.

        de otro día...
oh, un parque
es
un lugar
que la víctima
de su
propio
suicidio
simplemente
no
lo
encontró.

Central Park

For me, the park wasn't that far away from my home. I'd just head West, jumping off of my stoop on 111th Street, & was there in no time, so it seemed. Then, there was a whole other world. I had places that I would go to; a tunnel with a great echo chamber that repeated everything that I uttered, even curse words! There was a hidden cave up a ways from the path, in the hills of Central Park, surrounded by a bunch of trees, where sometimes I'd sit for hours in hiding, watching families go by in the distance, and thinking my private thoughts. These were like get-a-ways-from-the-city-crevices within the park. There were hills that I liked to climb, and then slide down, always tearing the seat of my pants on the rocks, and trees too that I'd climb. I would walk the perimeter of the lake; the lake, where just one time, my father rented one of the boats and rowed my two younger sisters and me around.

The park is full of children accompanied by a parent or two, sometimes a guardian. There are always birds, squirrels, cats, & dogs that come to visit. Mostly, people bring their dogs, on leashes, looking for a moment to set them free, so they could run wild. They also bring unwanted pets; to let them go, discard them into the dark of night and the claws of predators. Some wild animals live in the park, but I don't know of any, except for the cats always on the prowl of them, though I believe that many of the cats have homes nearby. They're just following their nature, I suppose, and they must have keys.

Every type of person tries to catch a fish in the Central Park Lake. Many a child has caught his or her first fish here. I think I caught a fish here once, but I don't really remember. (Something must be blocking that memory.) I recall going fishing with my childhood friends, but I don't remember any of us catching anything. We had just one, old, rusty hook, and somebody introduced a diaper pin, but it fell off the line. Sometimes you'd see them, captured little fish swimming in some small tin can on the side of the path, more air than water. What you'd want them for, I don't know. They're too small to eat and they won't keep in a home aquarium. I guess it's just the thrill of the experience, watching them, outside of the can like that gasping for air, till they were thrown back in the lake, or they died.

People in love are always in the park. You see them walking, some arm in arm, some hand in hand, some distant in thought, but together; some together, but distant. I don't see lovers arguing today—although the birds do fight outright in public view. Theirs is food, not love, which causes quarrels! And every now and then, you'll see a woman walking alone, slowly, and sobbing; nothing, except a child, is sadder. You'd want to touch her, but you can't. Her heart is broken, or she's lost someone in her life. Only her tears console her. Your thoughts and words are useless.

Central Park

Para mí, el parque no quedaba tan lejos de mi casa. Simplemente me dirigía hacia el oeste, bajando de un salto la escalera de entrada en la calle 111 y estaba allí en cuestión de segundos, al menos eso parecía. Entonces, había un mundo completamente diferente. Tenía lugares a los que iría; ¡Un túnel con una gran cámara de eco donde retumbaba todo lo que decía, incluso maldiciones! Había una cueva oculta a cierta distancia del camino, en las colinas del Central Park, rodeada de un montón de árboles, donde a veces me sentaba por horas a escondidas, observando a las familias pasar a lo lejos y meditando en mis pensamientos privados. Eran como un escondite lejos de la ciudad dentro del parque. Había colinas a las que me gustaba subir, para luego deslizarme, siempre rasgando la parte trasera de mis pantalones con las rocas, y árboles que también subía. Caminaba por el perímetro del lago; el lago donde, solo una vez, mi padre alquiló uno de los botes y nos llevó a remar a mis dos hermanas menores y a mí.

El parque está lleno de niños acompañados por uno o dos padres, a veces de un tutor. Siempre hay pájaros, ardillas, gatos y perros que vienen a visitar. En su mayoría, la gente trae a sus perros, con correas, en busca de un momento para liberarlos, para que corran a sus anchas. También traen mascotas no deseadas; para dejarlas ir, descartarlas en la oscuridad de la noche y las garras de los depredadores. Algunos animales salvajes viven en el parque, pero no conozco ninguno, a excepción de los gatos que siempre están al acecho, aunque creo que muchos de ellos tienen hogares cerca. Solo siguen su naturaleza y deben tener llaves.

Todo tipo de persona intenta atrapar un pez en el lago del Central Park. Muchos niños han capturado su primer pez aquí. Creo que una vez atrapé uno, pero realmente no lo recuerdo. (Algo debe estar bloqueando esa memoria). Recuerdo que fui a pescar con mis amigos de la infancia, pero no recuerdo que ninguno de nosotros haya atrapado nada. Teníamos solo un gancho viejo y oxidado, y alguien introdujo un alfiler de pañal, pero se cayó de la línea. A veces los veías, pequeños peces capturados nadando en una pequeña lata al borde del camino, más aire que agua. Para qué los quieres, no lo sé. Son demasiado pequeños para comer y no sobreviven bien en una pecera. Supongo que es solo la emoción de la experiencia, observándolos, fuera de la lata, respirando con dificultad, hasta que fueran arrojados al lago o murieran.

La gente enamorada siempre está en el parque. Los ves caminando, unos tomados del brazo, otros tomados de la mano, algunos perdidos en sus pensamientos, pero juntos; otros juntos, pero distantes. No veo amantes discutiendo hoy, aunque los pájaros si pelean abiertamente a la vista del público. ¡Lo suyo es comida, no amor, lo que causa las peleas! Y de vez en cuando, verás a una mujer caminando sola,

Mostly, people come to the park to be in touch with nature; to get back in touch with nature, nature in the midst of an urban setting. I came to sit alone and watch the new geese that the Mayor's Office has provided this season. I'm the old man now, sitting on the bench where I used to see this old man sitting, when I was passing by as a kid.

lentamente y sollozando; nada, excepto un niño, es más triste. Querrías tocarla, pero no puedes. Su corazón está roto o ha perdido a un ser querido. Solo sus lágrimas la consuelan. Son inútiles tus pensamientos y palabras.

En su mayoría, la gente viene al parque para estar en contacto con la tierra; para volver a estar en contacto con la esencia, la naturaleza en medio de una escena urbana. Vine a sentarme solo y ver los nuevos gansos que la Oficina del Alcalde ha proporcionado esta temporada. Ahora soy el hombre viejo, sentado en el banco donde solía ver a este hombre viejo sentado, cuando yo pasaba de niño.

ABOUT THE POET | SOBRE EL POETA

❦

PHOTO: David Gonzalez

JESÚS PAPOLETO MELÉNDEZ is an award-winning New York-born Puerto Rican poet who is recognized as one of the founders of the Nuyorican Movement. He is also a playwright, teacher and activist. Affectionately known as "Papo," Meléndez published his first poem, "Message to Urban Sightseers" in *Talkin' About Us* (1969). The publication of his earliest volumes of poetry, *Casting Long Shadows* (1970), *Have You Seen Liberation* (1971), and *Street Poetry & Other Poems* (1972), firmly established Meléndez as a prominent poet in the Nuyorican community. His other publications include *Concertos On Market Street* (Kemetic Images, 1994), which merged his Nuyorican melodies with a Southern California sensibility, and *Hey Yo! Yo Soy! 40 Years of Nuyorican Street Poetry, A Bilingual Edition* (2012) a compilation of his three previously published books from the 1970s. As the recipient of Pregones Theater's 2014 Master Artist Award, selections from *Hey Yo! Yo Soy!* was made into a play of the same name, and performed at the Puerto Rican Traveling Theater in 2014. He recently published the poetry collection, *PAPOLíTICO, Poems of a Political Persuasion* (2018). Meléndez has taught as a poet-facilitator in the public school system in workshop programs in California and New York since the 1970s.

His work has been anthologized in numerous publications, recently in *Pa'lante a La Luz — Charge Into The Light* (Rogue Scholars Press, 2018), *Word, An Anthology by A Gathering of the Tribes* (2017), and *Manteca, An Anthology of Afro-Latin@ Poets* (Arte Publico Press, 2017). Meléndez is a NYFA Poetry Fellow (New York Foundation for the Arts, 2001), and has received the Union Settlement Association "Innovation Award" (2011), the Universes Poetic Ensemble Company Award in "Appreciation of

Inspiration & Commitment to the Development of the Company" (2006); The 1st Annual El Reverendo Pedro Pietri Hand Award in Poetry, El Spirit Republic de Puerto Rico, El Puerto Rican Embassy (2006); The Louis Reyes Rivera Lifetime Achievement Award, Amherst College (2004); and an Artist for Community Enrichment (ACE) Award from the Bronx Council on the Arts (1995). Now an elder statesman of the New York poetry scene, Meléndez has become a mentor for emerging poets and writers. ❤

JESÚS PAPOLETO MELÉNDEZ es un galardonado poeta puertorriqueño nacido en Nueva York, reconocido como uno de los fundadores del Movimiento Nuyor-riqueño. También es dramaturgo, maestro y activista. Conocido cariñosamente como "Papo", Meléndez publicó su primer poema, "Message to Urban Sightseers" en *Talkin 'About Us* (1969). La publicación de sus primeros volúmenes de poesía, *Casting Long Shadows* (1970), *Have You Seen Liberation* (1971) y *Street Poetry & Other Poems* (1972), estableció firmemente a Meléndez como un destacado poeta en la comunidad nuyoricana. Sus otras publicaciones incluyen *Concertos On Market Street* (Kemetic Images, 1994), que fusionó sus melodías nuyoricanas con una sensibilidad del sur de California, y *Hey Yo! Yo soy! 40 Years of Nuyorican Street Poetry, A Bilingual Edition* (2012) una compilación de sus tres libros publicados anteriormente de la década de 1970. Galardonado con Pregones Theater's 2014 Master Artist Award, las selecciones de *Hey Yo! Yo soy!* se convirtieron en una obra del mismo presentada en el Teatro Rodante Puertorriqueño (PRTT) en 2014. Recientemente publicó la colección de poesía, *PAPOLÍTICO, Poems of a Political Persuasion* (2018). Meléndez ha enseñado como poeta-facilitador en el sistema de escuelas públicas en programas de talleres en California y Nueva York desde la década de 1970.

Su trabajo ha sido antologizado en numerosas publicaciones, recientemente en *Pa'lante a La Luz—Charge Into The Light* (Rogue Scholars Press, 2018), *Word, An Anthology by A Gathering of the Tribes* (2017) y *Manteca, An Anthology of Afro-Latin @ Poets* (Arte Publico Press, 2017). Meléndez es miembro de la NYFA Poetry Fellow (New York Foundation for the Arts, 2001), y ha recibido el Union Settlement Association "Innovation Award" (2011), el Universes Poetic Ensemble Company Award en "Appreciation of Inspiration & Commitment to the Development of the Company" (2006); The 1st Annual El Reverendo Pedro Pietri Hand Award en Poetry, El Spirit Republic de Puerto Rico, El Puerto Rican Embassy (2006); The Louis Reyes Rivera Lifetime Achievement Award, Amherst College (2004); y un Artist for Community Enrichment (ACE) Award from the Bronx Council on the Arts (1995). Ahora un personaje ilustre en la escena de poesía de Nueva York, Meléndez se ha convertido en un mentor para poetas y escritores emergentes. ❤

ABOUT THE CONTRIBUTOR |
SOBRE LA COLABORADORA

SUSANA TORRUELLA LEVAL is Director Emerita of El Museo del Barrio, a Puerto Rican, Latino and Latin American museum in New York. She served as the museum's director from 1994 to 2002, after four years as its Chief Curator. Torruella Leval is a member of the Board of Trustees of the Metropolitan Museum of Art, the Aperture Foundation, and Dreamyard. In addition, she is on the Editorial Board of the International Center of the Art of the Americas. She previously served on the Overseers' Committee to Visit the Arts Museums at Harvard College and the Visiting Committee of the Getty Center. Torruella Leval received a B.A. from Manhattanville College and an M.A. from New York University's Institute of Fine Arts. ♥

SUSANA TORRUELLA LEVAL es Directora Emerita de El Museo del Barrio, un museo puertorriqueño, latino y latinoamericano en Nueva York. Se desempeñó como directora del museo desde 1994 hasta 2002, después de cuatro años como conservadora principal. Torruella Leval es miembro de la Junta de Síndicos del Metropolitan Museum of Art, el Aperture Foundation, y Dreamyard. Además, está en el Consejo Editorial del International Center of the Art of the Americas. Anteriormente sirvió en el Overseers' Committee to Visit the Arts Museums en el Harvard College y en el Visiting Committee of the Getty Center. Torruella Leval recibió un B.A. del Manhattanville College y una maestría del New York University's Institute of Fine Arts. ♥

ABOUT THE TRANSLATOR | SOBRE LA TRADUCTORA

AMNERIS MORALES a respected actrees of the puertorrican theater, television and cinema scenes, with a vast experience as an actrees but, also as producer and writer. She is a magna cum laude graduate of film production, and direction, with studys in psycology and acting. Her career in soap operas span Puerto Rico, Argentina, and other Latin American countries. In N. Y she has appeared on New York stages, receving the ACE, HOLA and ATI Awards as Best Actress & reecently recevied the Best Comedy Actress award (Official Latino Film Festival / *Grape*); and the Institutional ACE and LATA Awards, (Excellence / 2019 / *The Tears Dry Alone*). Her love for poetry started at the age of five when she began her artistic carrer. That love endures today with this book, being her first literary translation work, precisely a book of poetry. ❤

AMNERIS MORALES repetada actríz de la escena del teatro, la televisión y el cine puertorriqueño, además de productora y escritora. Es graduada magna cum laude en producción y dirección cinematográfica con estudios en psicología y actuación. Su carrera en telenovelas abarca Puerto Rico, Argentina y otros países latinoamericanos. En N.Y. ha estado en los escenarios newyorquinos siendo reconocida como Mejor Actríz por los Premios ACE, HOLA y ATI y recientemente los premios de Mejor Actriz de Comedia (Festival Oficial de Cine Latino / *Grape* / 2018); y Premio Institucional ACE y LATA, (Excelencia / *The Tears Dry Alone* (2018). Su amor por la poesia perdura hoy en dia, siendo precisamente un libro de poesia su primer trabajo de traduccion. ❤

ABOUT THE ARTIST | SOBRE EL ARTISTA

⊷ ♥ ⊷

JORGE SOTO SÁNCHEZ (1947-1987) was born in East Harlem (El Barrio) to Puerto Rican parents. His family moved to the South Bronx when he was five years old. His artistic talent was evident when he received a scholarship from Saks Fifth Avenue to take drawing classes in composition and human anatomy. In 1961, Jorge attended two years at Morris High School before enlisting in the Army. He was honorably discharged in 1965. Determined to becoming an artist, he worked at different jobs while devoting himself to his art.

Soto Sánchez became involved with Taller Boricua, a Puerto Rican artists' collective based in El Barrio, serving as its director in the mid-1970s. The collective sponsored a wide range of exhibitions, literary readings, dances, festivals and free art classes. Soto Sánchez's quest to uncover his ancestral roots took him to Puerto Rico in 1972, where studied Taino artifacts and the canonical works of Puerto Rican artists Jose Campeche and Francisco Oller. He had his first major solo exhibit at Galería Tanama in Arecibo in 1973. When he traveled to Mexico to attend the opening of his solo exhibition in 1975, he saw the works of Orozco, Siqueiros, Rivera, Kahlo, and visited pre-Columbian archeological sites, which had a profound effect on his work. In 1977, Soto Sánchez had a solo exhibit at the Association of Hispanic Arts in New York. His last major exhibition was at El Museo de Barrio in 1979. It featured sixty of his pen and ink drawings.

Soto Sánchez's work, which has recently resurfaced to capture the attention of the art community, can be divided into three categories. The first is expressive drawings of fragmented beings using bold gestural contour lines reminiscent of the Taíno stone

carvers. The second category is his appropriation of images from well-known Puerto Rican paintings that he transformed to express social criticism. The third category is his use of collected found objects and photographs, to construct painted assemblages of personal experiences representative of social conditions. His distinctive iconography, which blended African and pre-Columbian motifs, among other traditions, expressed the multiracial and multicultural composition of Puerto Rican identity. In the mid-1980s, Soto Sánchez became ill and moved to Vermont to convalesce. He remained there until his death, leaving behind a large body of uncatalogued work. His passing created a great void among Nuyorican artists and poets. ♥

JORGE SOTO SÁNCHEZ (1947-1987) nació en East Harlem (El Barrio) de padres puertorriqueños. Su familia se mudó al sur del Bronx cuando tenía cinco años. Su talento artístico fue evidente cuando recibió una beca de Saks Fifth Avenue para tomar clases de dibujo en composición y anatomía humana. En 1961, Jorge asistió a dos años en Morris High School antes de alistarse en el Ejército. Fue dado de baja honorablemente en 1965. Decididó convertirse en artista, trabajó en diferentes trabajos mientras se dedicaba a su arte.

Soto Sánchez se involucró con Taller Boricua, un colectivo de artistas puertorriqueños con sede en El Barrio, que se desempeñó como director a mediados de la década de 1970. El colectivo patrocinó una amplia gama de exposiciones, lecturas literarias, bailes, festivales y clases de arte gratuitas. La búsqueda de Soto Sánchez para descubrir sus raíces ancestrales lo llevó a Puerto Rico en 1972, donde estudió los artefactos taínos y las obras canónicas de los artistas puertorriqueños José Campeche y Francisco Oller. Tuvo su primera gran exposición individual en la Galería Tanama en Arecibo en 1973. Cuando viajó a México para asistir a la inauguración de su exposición individual en 1975, viós las obras de Orozco, Siqueiros, Rivera, Kahlo y visitó sitios con arqueología precolombina, lo que tuvo un profundo efecto en su trabajo. En 1977, Soto Sánchez tuvo una exposición individual en la Asociación de Artes Hispanas en Nueva York. Su última gran exposición fue en El Museo de Barrio en 1979, dondo exhibió sesenta de sus dibujos a pluma y tinta.

El trabajo de Soto Sánchez, que recientemente ha resurgido para captar la atención de la comunidad artística, se puede dividir en tres categorías. El primero son dibujos expresivos de seres fragmentados que utilizan líneas gruesas de contorno gestuales que recuerda a los talladores de piedra taína. La segunda categoría es su apropiación de imágenes de famosas pinturas puertorriqueñas las cuales transformó para expresar la crítica social. La tercera categoría es su uso de objetos encontrados y fotografías, para construir conjuntos pintados de experiencias personales representativas de las condiciones sociales. Su iconografía distintiva, que combinaba motivos africanos y precolombinos, entre otras tradiciones, expresaba la composición multirracial y multicultural de la identidad puertorriqueña. A mediados de la década de 1980, Soto Sánchez se enfermó y se mudó a Vermont para convalecer. Permaneció allí hasta su muerte, dejando atrás un gran cuerpo de trabajo sin catalogar. Su fallecimiento creó un gran vacío entre los artistas y poetas puertorriqueños. ♥

OTHER BOOKS BY 2LEAF PRESS

2LEAF PRESS challenges the status quo by publishing alternative fiction, non-fiction, poetry and bilingual works by activists, academics, poets and authors dedicated to diversity and social justice with scholarship that is accessible to the general public. 2LEAF PRESS produces high quality and beautifully produced hardcover, paperback and ebook formats through our series: *2LP Explorations in Diversity, 2LP University Books, 2LP Classics, 2LP Translations, Nuyorican World Series,* and *2LP Current Affairs, Culture & Politics.* Below is a selection of 2LEAF PRESS' published titles.

2LP EXPLORATIONS IN DIVERSITY

Substance of Fire: Gender and Race in the College Classroom
by Claire Millikin
Foreword by R. Joseph Rodríguez, Afterword by Richard Delgado
Contributors Riley Blanks, Blake Calhoun, Rox Trujillo

Black Lives Have Always Mattered
A Collection of Essays, Poems, and Personal Narratives
Edited by Abiodun Oyewole

The Beiging of America:
Personal Narratives about Being Mixed Race in the 21st Century
Edited by Cathy J. Schlund-Vials, Sean Frederick Forbes, Tara Betts
with an Afterword by Heidi Durrow

What Does it Mean to be White in America?
Breaking the White Code of Silence, A Collection of Personal Narratives
Edited by Gabrielle David and Sean Frederick Forbes
Introduction by Debby Irving and Afterword by Tara Betts

2LP CLASSICS

Adventures in Black and White
by Philippa Schuyler
Edited and with a critical introduction by Tara Betts

Monsters: Mary Shelley's Frankenstein and Mathilda
by Mary Shelley, edited by Claire Millikin Raymond

Memory and Mourning in the Black Pacific
by Fredrick D. Kakinami Cloyd
Foreword by Velina Hasu Houston, Introduction by Gerald Horne
Edited by Karen Chau

The Fourth Moment: Journeys from the Known to the Unknown, A Memoir
by Carole J. Garrison, with an Introduction by Sarah Willis

POETRY
PAPOLíTICO, Poems of a Political Persuasion
by Jesús Papoleto Meléndez
with an Introduction by Joel Kovel and DeeDee Halleck

Critics of Mystery Marvel, Collected Poems
by Youssef Alaoui, with an Introduction by Laila Halaby

shrimp
by jason vasser-elong, with an Introduction by Michael Castro

The Revlon Slough, New and Selected Poems
by Ray DiZazzo, with an Introduction by Claire Millikin

A Country Without Borders: Poems and Stories of Kashmir
by Lalita Pandit Hogan, with an Introduction by Frederick Luis Aldama

Branches of the Tree of Life
The Collected Poems of Abiodun Oyewole 1969-2013
by Abiodun Oyewole, edited by Gabrielle David
with an Introduction by Betty J. Dopson

2Leaf Press is an imprint owned and operated by 2Leaf Press Inc. a Florida-based nonprofit organization that publishes and promotes multicultural literature.

FLORIDA | NEW YORK
www.2leafpress.org